土木工程科技创新与发展研究前沿丛书

裂隙岩体隧道光面爆破技术及应用

蒲传金　周冠南　肖定军　付军恩　李洪林　朱宝权　著

中国建筑工业出版社

图书在版编目（CIP）数据

裂隙岩体隧道光面爆破技术及应用 / 蒲传金等著
. —北京：中国建筑工业出版社，2023.10
（土木工程科技创新与发展研究前沿丛书）
ISBN 978-7-112-29157-1

Ⅰ.①裂… Ⅱ.①蒲… Ⅲ.①裂缝（岩石）-岩体-隧道施工-光面爆破-研究 Ⅳ.①U455.6

中国国家版本馆 CIP 数据核字（2023）第 174688 号

本书主要内容包括应力波在裂隙岩体穿破过程与岩石破碎机制、隧道不同位置炮孔光面爆破理论和光面护壁爆破理论、隧道光面护壁爆破裂纹扩展规律与控制、裂隙岩体隧道预留保护层光面爆破技术、裂隙岩体隧道光面护壁爆破技术应用。

本书可供从事隧道爆破施工的工程技术人员阅读，也可供高等院校有关专业师生参考。

责任编辑：仕　帅
责任校对：芦欣甜

土木工程科技创新与发展研究前沿丛书
**裂隙岩体隧道光面爆破
技术及应用**
蒲传金　周冠南　肖定军　付军恩　李洪林　朱宝权　著

*

中国建筑工业出版社出版、发行（北京海淀三里河路 9 号）
各地新华书店、建筑书店经销
北京鸿文瀚海文化传媒有限公司制版
建工社（河北）印刷有限公司印刷

*

开本：787 毫米×960 毫米　1/16　印张：12　字数：237 千字
2023 年 11 月第一版　　2023 年 11 月第一次印刷
定价：**48.00 元**
ISBN 978-7-112-29157-1
（41874）

版权所有　翻印必究
如有内容及印装质量问题，请联系本社读者服务中心退换
电话：（010）58337283　QQ：2885381756
（地址：北京海淀三里河路 9 号中国建筑工业出版社 604 室　邮政编码：100037）

前　　言

近年来，随着我国"交通强国"战略的实施，高速铁路和高速公路得到迅速发展，隧道建设的规模越来越大，隧道建设各种纪录也不断被刷新。隧道钻爆法施工是我国山岭隧道常用的施工方法，因各种优点而被广泛应用，且在大量工程实践中，已经总结和摸索出了一些成熟的施工经验，但是由于地质条件的复杂性，往往难以达到预期的爆破效果。可以说，裂隙岩体隧道爆破问题已经成为制约工程施工效率、质量和成本的重要问题，针对该问题安排多位硕士研究生进行了专题研究，取得了一些有益的结论。

本书采用理论分析、数字模拟、物理试验和现场工程实践相结合的方法，研究了裂隙岩体隧道光面护壁爆破技术的相关问题，研究成果有一定的参考价值。

全书共分为8章，系统地研究了裂隙岩体隧道光面护壁爆破裂纹扩展与控制理论、技术应用。其中第1章为绪论，第2章介绍了应力波在裂隙处传播过程及岩石破碎机制，第3章研究了隧道光面爆破理论，第4章研究了隧道光面护壁爆破理论，第5章研究了周边孔双孔偏心不耦合装药爆破裂纹扩展试验，第6章研究了裂隙岩体隧道周边孔爆破裂纹扩展控制技术，第7章研究了裂隙岩体隧道预留保护层光面爆破技术，第8章研究了裂隙岩体隧道光面护壁爆破现场试验及应用。

本书主要由蒲传金、周冠南、肖定军、付军恩、李洪林、朱宝权撰写，林谋金、杨鑫、代仁平、李禹锡、王刚、管少华和秦晓星参与部分撰写工作，硕士研究生张金、章欣宇、杜天冬、吴佳谋为本书的资料整理、录入和校对付出了辛勤劳动，在此一并表示感谢。

本书旨在与业内广大同行交流裂隙岩体隧道光面护壁爆破技术的研究经验，希望能为相关领域施工单位技术人员及高校相关专业师生提供有益的帮助。

由于作者水平有限，书中难免存在不足之处，敬请广大读者批评指正。

2023年8月

目　　录

第1章　绪论 … 1
1.1 　研究背景及意义 … 1
1.2 　隧道爆破施工技术 … 1
1.3 　裂隙岩体爆破研究现状 … 6
1.4 　裂隙岩体隧道周边孔爆破存在的问题及解决措施 … 16
1.5 　研究内容 … 17

第2章　应力波在裂隙处传播过程及岩石破碎机制 … 18
2.1 　爆炸应力波在裂隙处传播过程 … 19
2.2 　裂隙岩体破碎机制 … 29
2.3 　含不同充填物预制裂隙对爆炸裂纹扩展影响试验 … 32
2.4 　本章小结 … 43

第3章　隧道光面爆破理论 … 45
3.1 　边墙孔偏心不耦合装药爆破裂纹扩展规律研究 … 45
3.2 　顶板孔偏心不耦合装药爆破裂纹扩展规律研究 … 49
3.3 　偏心不耦合装药和同心不耦合装药孔间距对比 … 52
3.4 　本章小结 … 52

第4章　隧道光面护壁爆破理论 … 54
4.1 　光面护壁爆破作用过程 … 54
4.2 　基于冲击试验的护壁套管护壁效果试验 … 56
4.3 　光面爆破与光面护壁爆破比较分析 … 69
4.4 　装药结构对光面护壁爆破效果的影响分析 … 83
4.5 　装药不耦合系数对护壁效果的影响分析 … 86
4.6 　本章小结 … 90

第5章　周边孔双孔偏心不耦合装药爆破裂纹扩展试验 … 91
5.1 　试验方案 … 91
5.2 　试验结果 … 93
5.3 　边墙孔爆破不耦合系数与裂纹长度关系分析 … 95
5.4 　顶板孔爆破装药不耦合系数与裂纹关系分析 … 99
5.5 　本章小结 … 103

第6章　裂隙岩体隧道周边孔爆破裂纹扩展控制技术 … 105
6.1 　爆炸荷载下导向孔对双孔爆炸裂纹扩展影响数值模拟 … 105

  6.2　隧道光面护壁爆破对裂纹扩展控制试验 …………………… 119
  6.3　本章小结 …………………………………………………… 137
第 7 章　裂隙岩体隧道预留保护层光面爆破技术 …………………… 138
  7.1　空孔间距对裂隙岩体孔间成缝效果影响 …………………… 139
  7.2　预留保护层厚度对裂隙岩体孔间成缝效果影响 …………… 141
  7.3　裂隙倾角对裂隙岩体孔间成缝效果影响 …………………… 146
  7.4　本章小结 …………………………………………………… 149
第 8 章　裂隙岩体隧道光面护壁爆破现场试验及应用 ……………… 150
  8.1　隧道概况 …………………………………………………… 150
  8.2　隧道爆破现场调查 ………………………………………… 152
  8.3　光面护壁爆破参数与施工工艺 …………………………… 160
  8.4　光面护壁爆破试验效果分析 ……………………………… 164
  8.5　本章小结 …………………………………………………… 171
参考文献 ………………………………………………………………… 172

第1章 绪论

1.1 研究背景及意义

钻爆法是我国隧道常用的施工方法，因具有适应性强、成本低、功效高的优点而被广泛应用于交通隧道、矿山巷道、水电隧洞等工程施工中。

中国铁建大桥工程局集团第三工程有限公司承建的湖南张吉怀高铁丁王隧道、杭绍台铁路林盘山隧道、赣深铁路富竹排隧道、重庆城开高速公路旗杆山隧道、云南宜石高速公路山冲箐隧道等山岭隧道具有长度和断面大、岩体裂隙发育、凿岩台车钻孔等特点。作为爆破对象的岩体，是一种非均质且各向异性的复合材料，内部随机分布着各种形态的原生裂隙，裂隙岩体这种现象更加突出，爆破开挖过程中，大量裂隙导致岩体爆破裂纹扩展尤为复杂，严重影响隧道轮廓面形状和超欠挖量，导致隧道爆破施工效果差、施工效率低、施工成本高和施工安全风险大等问题。

虽然在大量隧道爆破施工实践中，总结和摸索出了一些成熟的施工经验，但仍然无法从根本上解决裂隙岩体隧道爆破问题。因此，开展典型特征裂隙岩体隧道爆破施工技术研究，对于提高隧道爆破施工效率、施工安全水平和控制施工成本具有重要意义。

1.2 隧道爆破施工技术

一般情况下，隧道爆破的主要问题就是周边孔爆破问题。隧道周边孔爆破一般应满足三个方面要求：第一，在预定位置形成平整光滑的开挖轮廓面；第二，保证隧道围岩不受或少受爆破损伤，以便其保持长期稳定；第三，将开挖范围内的岩石均匀破碎，以便于装车运输。也就是说，炸药爆炸产生的能量应该主要甚至全部用于在预定位置形成平整开挖轮廓面和用于破碎光爆层的岩石，不应作用于围岩上；这样才能充分利用爆炸能量。为实现这些目的，自20世纪50年代以来，出现了光面爆破、定向断裂控制爆破和护壁爆破等技术。

1.2.1 光面爆破技术

光面爆破技术 20 世纪 50 年代在瑞典兴起，20 世纪 60 年代中期开始在我国推广应用。长期的工程应用表明，光面爆破相对于普通爆破技术，在减少超欠挖、减少支护材料、提高施工效率方面存在较大优势，但是存在对隧道围岩的损伤破坏、孔痕保留率低、炮孔间距较小等不足。其原因在于光面爆破采用不耦合装药或空气柱间隔装药，这样的装药结构虽然降低了炸药爆炸产物对炮孔壁的冲击作用，避免了炮孔壁岩石形成压碎区，然而这种结构的装药爆炸后，在炮孔各个部位产生的作用力相同，除在炮孔连心线方向上形成贯通裂缝外，不可避免地还会在隧道围岩上形成径向裂缝，导致隧道超欠挖或岩体损伤，最终影响隧道围岩的长期稳定与安全，尤其是在裂隙岩体隧道爆破中，该技术的效果就更差。

1.2.2 定向断裂控制爆破技术

基于光面爆破的缺点，20 世纪 70 年代，人们提出了定向断裂控制爆破技术。

定向断裂控制爆破技术要点是：首先形成一定长度的定向裂纹，而后利用定向裂纹长度和宽度明显大于岩石中原生的随机细小裂纹长度和宽度的特点，确定合理的装药量和炮孔间距，使炮孔周边裂纹仅在设定方向稳定扩展，并有效抑制其他方向裂纹的起裂和扩展，从而实现爆破后保持岩石壁面的平整，同时减小爆破对保留岩体的破坏。这种技术的关键是在预定方向形成裂缝，影响成缝效果的因素很多，主要有导向形式、地质构造、矿岩性质、炸药性质、装药参数、起爆方式、炮孔参数等几个方面。

到目前为止，国内外专家学者提出了多种断裂控制爆破方法，但从获得初始定向裂纹的方式来看，主要有 3 种类型，即改变炮孔形状、药包形状以及在药包外添加塑料切缝套管。这三种类型的定向断裂控制爆破技术都是通过控制爆炸能量的作用方向，在炮孔之间首先形成爆炸主裂纹，进而形成平整光滑的开裂面，且能抑制其他方向爆炸裂纹的产生。

1. 控制药包形状的定向断裂控制爆破技术

控制药包形状的定向断裂控制爆破技术主要有两种形式：一种就是采用特殊药包形状，如瑞典吕勒欧大学和瑞典爆破基金会提出的带"V"形槽的药柱 LSC，药柱形状如图 1-1 和图 1-2 所示，将这种装药方法用于隧道周边爆破和石块切割爆破，能够实现岩石按预定方向开裂；另外一种形式就是在药包外侧套上一个预先切有一定宽度缝隙的硬质外壳（如塑料管或金属管），如图 1-3 所示。中国矿业大学采用外壳切缝的"切缝药包"进行现场爆破试验和动光弹试验，取得了较好的定向断裂效果。美国马里兰大学利用开有导向缝的留韧带药卷也实现了岩石爆破时的断裂控制。张玉明、唐中华、张志呈等人也对切缝药包爆破的作用机理、力学作用形式及切缝外壳的作用等做了一些有益地研究。

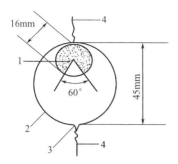 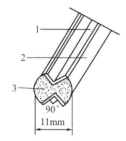

图 1-1　吕勒欧大学制作的 LSC　　　　　图 1-2　爆破基金会制作的 LSC
1—LSC；2—炮孔；　　　　　　　　　　1—0.7mm 厚铝片；2—塑料管；
3—预期刻槽；4—预期裂纹　　　　　　　3—装药空腔（60cm³/m）

2. 改变炮孔形状的定向断裂控制爆破技术

按爆破开裂的要求改变炮孔形状，即在孔壁上预定部位先切出一定形状的缺口，使裂纹在缺口处优先起裂和扩展，如图 1-4 所示。

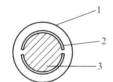 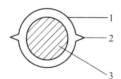

图 1-3　切缝药包结构示意图　　　　　图 1-4　切槽爆破装药结构示意图
1—孔壁；2—外壳；3—炸药　　　　　　1—孔壁；2—切槽；3—炸药

早在 1905 年，Foster 公司在进行隧道掘进爆破时，首先提出了在炮孔中刻槽的设想，但当时没有具体实施。直到 1963 年，瑞典学者 Langfors 和 Kihlstrom 著文表示预先在炮孔壁上刻槽能够用于控制爆破裂纹扩展的方向；后来美国的 W. L. Fourney 等人用速燃剂作为破碎剂在有机玻璃模型上进行炮孔预切槽爆破试验，结果发现所有模型裂纹和断裂均沿切槽方向扩展。杜云贵等用水泥砂浆模型所做的切槽炮孔爆炸试验，也得到了相似的结果。但是，直到 1975 年，美国 Boston 修建城市地铁时，切槽爆破技术才首次应用于实践，也是从这个时期开始，美国、瑞典等国家才开始重视定向断裂控制爆破技术的研究与应用。

由断裂力学理论可知，炮孔壁上切槽改变了炮孔形状，符合断裂控制的原则，而且裂纹越长其应力强度因子值越大，在切槽炮孔中装入适当药量，使切槽起动和扩展，还能抑制炮孔周围随机分布的天然微观裂纹（其长度在 0.0025～0.025cm，远远小于切槽长度），从而能实现岩石爆破的断裂控制。

近几十年来，国内外许多专家学者都致力于此课题的试验研究：美国马里兰大学的隧道掘进试验表明，与光面爆破相比，使用切槽炮孔可加大炮眼间距 39%~83%，减少装药量 43%~69%；瑞典斯德哥尔摩郊外一家采石场 1984 年的施工表明，在比正常作业炮孔间距增大 38%的情况下，装药密度减半的刻槽炮孔的爆破效果与常规光面爆破的效果相当；日本神风矿的实践也证明，刻槽爆破能使保留岩面平整，超挖少。张志呈等从理论上论证了 V 形切槽炮孔爆破的合理性，在大理石矿采用 V 形槽口炮孔爆破切割大理石，现场试验数据表明切割效果相当满意。宗琦分析了切槽爆破裂缝的扩展规律，包括裂缝起裂、止裂、扩展长度和扩展过程中的速度变化等。杨仁树等应用超动态测试系统研究切槽孔的爆破效应，结果表明，由于切槽的作用，使得沿切槽方向应力场加强，从而利于爆破裂缝的定向扩展，切槽孔裂纹的起裂、扩展和止裂行为主要受爆生气体静态应力场作用，应力波（包括反射波）对裂纹的扩展基本上不起作用。W.L.Fourney 通过动光弹试验也证实了这一点，在裂纹扩展过程中其速度是变化的。肖正学、郑泽岱、阳友奎等通过对 V 形切槽爆破断裂成缝机理分析，找到了切槽爆破能使岩石沿预定方向断裂而减少其他方向裂纹生成和原生微裂纹的扩展的原因。

另外，美国马里兰大学、日本渡道明以及我国的张志呈、王成端、肖正学、宋俊生等还对切槽张角 α 进行了研究。而对于切槽的深度，张志呈、肖正学建议 $\alpha = (0.2 \sim 0.3) R$（$R$ 是炮孔半径）；宋俊生等认为切槽深度不宜过大。然而影响切槽爆破使用的一个重要瓶颈就是切槽工具，国外的一些学者和一些大型矿山机械企业都进行了研究，国内学者如罗祖春、张志呈、张时忠等都做了有益的尝试，也取得了一定的进展。

1.2.3 护壁爆破技术

综合比较和分析以上两类技术，光面爆破技术的孔间裂纹主要依靠空孔的导向作用形成，无法避免对隧道围岩的损伤破坏和超欠挖现象，因此光面爆破技术基本上没有较好地满足以上"三方面要求"；定向断裂控制爆破技术虽然解决了光面爆破的裂纹开裂方向不确定的问题，但是仍然没有解决爆炸产物对隧道围岩损伤破坏或超欠挖问题（如切槽爆破和聚能爆破），且存在爆炸能量利用不合理的现象（如切缝药包爆破）。

同时，定向断裂控制爆破技术还存在药包加工或切槽作业困难等问题。在上述定向断裂控制爆破技术的基础上，又提出了基本上能够满足以上三方面要求的护壁爆破技术。

护壁爆破技术是在需要保护一侧或两侧岩体药包外侧安装一层或多层护壁套管，利用套管控制爆炸应力场的分布，达到裂纹按预定方向起裂形成平整光滑开裂面、保护保留岩壁免受损伤破坏、破碎临空面方向岩石的一种爆破新技术，也称套管护壁爆破技术。

根据装药结构的不同，护壁爆破技术有以下3种类型：

1. 光面护壁爆破技术

光面护壁爆破技术包括：单层光面护壁爆破技术，如图1-5（a）所示；双层光面护壁爆破技术，如图1-5（b）所示。

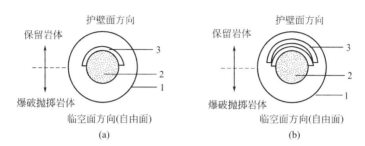

图1-5　光面护壁爆破技术装药结构示意图
(a) 单层光面护壁爆破技术；(b) 双层光面护壁爆破技术
1—炮孔；2—药包；3—护壁套管

如果将护壁套管与药包紧靠临空面一侧孔壁，则称为偏心（光面）护壁爆破技术。偏心（光面）护壁爆破的装药结构更有利于充分利用炸药爆炸能量，对于临空面方向由于药柱紧靠孔壁，因此相当于耦合装药；对于护壁面方向，相对于同心不耦合装药而言，偏心装药相当于增大了装药不耦合系数，因此这种装药结构能将更多能量用于破碎临空面方向岩石，同时能更有效保护护壁面方向岩体。

2. 双侧护壁爆破技术

双侧护壁爆破技术包括：切缝药包爆破技术，如图1-6（a）所示；切缝护壁爆破技术，如图1-6（b）所示；双侧切缝护壁爆破技术，如图1-6（c）所示。

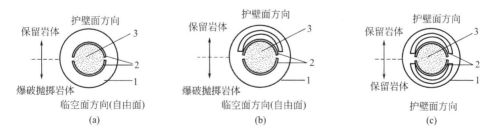

图1-6　双侧护壁爆破技术装药结构示意图
(a) 切缝药包爆破技术；(b) 切缝护壁爆破技术；(c) 双侧切缝护壁爆破技术
1—炮孔；2—护壁套管；3—药包

3. 聚能和切槽护壁爆破技术

聚能护壁爆破技术即在药柱两侧安装护壁套管，同时在套管切缝口的药柱上开聚能穴的爆破技术，如图 1-7（a）所示。切槽护壁爆破技术即在药柱两侧安装护壁套管，同时在切缝口正对的孔壁上切槽的爆破技术，如图 1-7（b）所示。

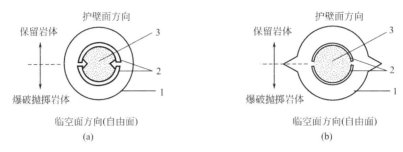

图 1-7 聚能和切槽护壁爆破技术装药结构示意图
（a）聚能护壁爆破技术；（b）切槽护壁爆破技术
1—炮孔；2—护壁套管；3—药包

一系列的模型试验、现场试验和数值模拟研究结果表明，护壁爆破能够较好地保护孔壁保留岩体，形成光滑开裂面和破碎临空面方向岩石。

1.3 裂隙岩体爆破研究现状

目前，裂隙岩体隧道爆破开挖后难以形成较为平整光滑的轮廓面，而光面爆破的效果主要由岩体性质、炮孔参数决定。掌握裂隙岩体爆破荷载作用机理，可以为进一步优化控制爆破效果提供依据，是控制轮廓面成型的一种重要手段。因此，国内外一些学者从应力波在裂隙岩体内的传播特性以及裂隙岩体裂纹扩展动态两方面分别进行了研究，主要运用理论推导、物理试验及数值模拟等基本方法，也利用不同控制技术进行了大量研究。

1.3.1 裂隙岩体爆破机理研究

1. 应力波的传播特性

目前诸多学者都对爆炸应力波在节理裂隙面的扩展和能量传播过程做了大量研究。炸药爆炸能量作用于岩体后，随着距离的变化，在炮孔附近呈发散状产生不同程度的损伤区，沿着药包位置中心径向向外划分，依次为压碎区、裂纹区和弹性震动区。

根据应力波传播过程中的能量变化，了解爆炸应力波对岩体的破坏作用，得出切向拉应力是介质受应力波作用产生爆生裂纹的重要原因，切向峰值拉力与爆轰距离变化关系为：

$$\sigma_{\theta\max} = \frac{\lambda P_\mathrm{r}}{\bar{r}^\alpha} \tag{1-1}$$

式中 λ——系数，$\lambda = \mu/(1-\mu)$；

　　μ——岩石泊松比；

　　P_r——爆炸峰值压力；

　　$\bar{r}$——相对距离，$\bar{r} = R/R_\mathrm{a}$；

　　R——距药包中心的距离；

　　R_a——粉碎区半径；

　　α——应力波衰减系数，$\alpha = 2-\mu/(1-\mu)$。

用岩石的抗拉强度 S_T 取代公式中的切向峰值拉力，即可求得径向裂纹的扩展半径：

$$R_\mathrm{T} = R_0 \left(\frac{\lambda P_\mathrm{r}}{S_\mathrm{T}}\right)^{\frac{1}{\alpha}} = R_0 \left(\frac{\lambda \rho_\mathrm{m} c_\mathrm{p}(c_\mathrm{p}-a)}{b S_\mathrm{T}}\right)^{\frac{1}{\alpha}} \tag{1-2}$$

考虑应力波的损伤作用，得到裂纹长度 L' 为：

$$L' = L/(1-D)^2 \tag{1-3}$$

式中 ρ_m——岩体密度；

　　c_p——岩体纵波波速；

　　a、b——试验所确定的常数；

　　D——裂纹端部的损伤值；

　　L——无损伤时最终裂纹的长度；

　　L'——考虑损伤作用的扩展裂纹长度。

因受到原生裂隙的影响，爆生裂纹的实际长度要比理论预测的长，这便是应力波的作用。

同时岩体的破碎效果受到爆炸应力波在裂隙面传播过程衰减、阻断等现象的影响。在爆破动荷载作用下，岩石材料的应力、变形以波的形式传播，在弹性介质内传播的弹性波分为纵波（P 波）和横波（S 波）。同时也存在表面波，主要的一种表面波是瑞利波，类似于流体重力表面波。各种岩石有其特有的弹性波波速，这取决于岩石自身的动态弹性性质。当弹性波传播到不同介质的交界处时，将发生反射和透射现象，如图 1-8 所示。

有机玻璃板平面内炸药发生爆炸过程中会出现两种类型的体波：膨胀波和剪切波。膨胀波会引起体积变化，但质点无转动运动，质点振动方向与膨胀波的传播方向相同。炸药爆炸产生的膨胀波在弹性板中以速度 c_p 向外传播，其速度表达式为：

$$c_\mathrm{p} = \left[\frac{E(1-\nu)}{\rho(1+\nu)(1-2\nu)}\right]^{\frac{1}{2}} \tag{1-4}$$

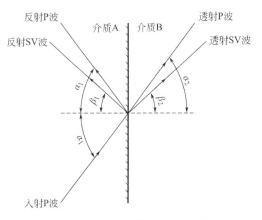

图 1-8 应力波透射和反射示意图

式中 　E——弹性模量；

　　　ν——泊松比。

剪切波不会引起体积变化，质点发生转动，质点的振动方向与剪切波的传播方向垂直。爆炸荷载与炮孔壁作用过程交汇，由于非均匀粉碎和裂纹起裂破坏，而产生的剪切波在弹性板中以速度 c_s 向外传播，其速度表示式为：

$$c_s = \left[\frac{E}{2\rho(1+\nu)}\right]^{\frac{1}{2}} \tag{1-5}$$

药卷爆炸产生的冲击波对孔壁的作用远大于岩体自身的抗拉强度，当岩石能承受的最大压应力大于爆炸切向应力时，围岩的损伤破坏就小，此时炮孔内微裂纹未被冲击波完全充填，炮孔周围岩体主要受到拉应力。选择准脆性材料的裂纹扩展判别式判别岩石的断裂准则：

$$\sigma > \sigma_C = K_{IC}\sqrt{\pi/4L} \tag{1-6}$$

式中 　σ——岩体中固有应力；

　　　σ_C——微裂纹扩展的最小应力；

　　　K_{IC}——岩石断裂韧度。

当 $\sigma \leqslant \sigma_C$ 时，岩石受力状态表现为线弹性阶段；当 $\sigma > \sigma_C$ 时，则会进入到非线性阶段，此时分布在炮孔周围的微裂纹在爆炸应力波的作用下开始起裂。

Ali Fakhimi 通过数值模拟方法解释了应力波到达自由面时产生的反射对岩体裂缝扩展特性的影响，同时也提到了应考虑爆生气体对裂缝扩展的影响；采用理论研究和数值模拟，Zhao X B 等研究了 P 波在多组平行节理中的传播和衰减规律；王卫华研究了张开型节理处应力波的传播规律，得出应力波的传递系数与裂隙宽度呈线性递减的关系。

李夕兵从岩体内部软弱裂隙面周围分布的拉应力与剪应力之间的特定关系入

手,讨论了爆炸波入射软弱裂隙面后,入射波发生透/反射与裂隙面之间的关系表达式;李新平通过对模型施加不同程度的地应力以及地应力在模型上的分布荷载情况讨论了柱面波在穿越节理裂隙发生透射后,其透射系数与裂隙的倾斜度和施加压力有一定关联。

李建军探究了节理裂隙岩体爆破后岩石块度与爆炸应力的关系,得出节理裂隙面处爆炸能量不均匀分布是造成岩石块度大小不一的原因;代青松分析了应力波在不同裂隙岩体内的传播规律,结果表明裂隙发育越密集,应力波衰减越快;凌同华表示裂隙岩体内充填介质强度越小,当应力波波阵面经过时波阻抗也随之越小;张凤鹏模拟了静应力作用下节理花岗岩的破岩过程,结果表明:静应力既主导了裂纹区的面积大小,又抑制了节理末端裂纹的发展。

2. 炮孔间岩体裂纹扩展机理

陈士海等从岩石损伤和断裂力学理论剖析了炮孔一定范围内岩体裂纹扩展长度与爆炸衍生物膨胀压之间的关系;杨小林从岩石在爆破动荷载下的破坏机理以及岩石受爆破作用下的细观损伤力学两方面着手阐述了岩石爆破损伤断裂理论;戴俊指出对于软弱岩体应使用定向断裂爆破并合理考虑内圈孔岩石爆破后对周边孔的影响;周能娟通过有限元仿真模拟技术展示了在爆炸动荷载下,不同形式的裂隙岩体对爆破效果的影响规律。

戴俊将光面爆破简化为两个相邻炮孔,模拟两个炮孔起爆后岩体裂纹的动态演化过程,根据演化结果得出与之相对应的炮孔间距;Yi C 同样采用简化版的双炮孔爆破模型,以炮孔间的起爆时间间隔作为控制因素,得出利于炮孔间裂缝扩展的时间间隔为 0;白羽针对岩石的非均质性,采用数值模拟方法模拟不同地应力下炮孔间裂纹扩展,得出地应力与裂纹扩展范围之间的关系呈反比。

S. Mohammadi 分析了岩体在爆破后的动力特性;Yang Renshu 认为,爆炸衍生物(爆轰波、爆生气体)有利于裂缝的扩展,具体体现为爆轰波的叠加、反射,爆生气体的持续楔入;Mckown、Hagan、张奇三位学者从岩体内部赋存的结构面与断裂控制面之间的夹角探讨了光面爆破成型效果优劣与夹角之间的相关性,通过物理试验初步得出爆破效果最差的夹角为小于 60°,后经进一步细化研究将夹角细化到 25°~40°,但效果难以保证。

3. 动态裂纹扩展机理

Obert 在 20 世纪 50 年代初就提出完整岩体和裂隙岩体中有无节理的存在是引起爆炸产生的应力波传播差别的主要原因;由于不同岩体的波阻抗不同,因此应力波传播至缺陷处发生反射、透射的现象也各不相同。

Kotoul 等分析了脆性材料动态断裂时应力波传播过程,并研究了波与裂纹之间的相互作用关系。

Persson 等认为炸药破碎岩石主要是依靠爆炸后的动态作用,当压缩波传播至裂纹、孔洞处就会发生反射,形成反射拉伸波,当其大于岩石的抗拉强度时,岩石便出现断裂。

Mott 用量纲分析方法研究运动裂纹,首次用定量方法预测快速运动的裂纹速度。

Ravi-Chandar 提出了裂纹传播的准则,用动态强度因子 K_I^d 和断裂韧性 K_{ID} 之间的关系给出表达式:

$$K_I^d(t,\nu) = K_{ID}(\nu^0, K_I^d, T) \tag{1-7}$$

式中　　K_I^d——动态强度因子,与施加的荷载、作用时间、裂纹几何位置、裂纹扩展速度等因素有关;

　　　　K_{ID}——动态断裂韧性,与试验所用材料有关。

Ming 将含节理岩体的变形特征纳入考量,提出了在加载和卸载的过程中,正向应力场与切向应力场彼此影响,应力应变呈非线性变化。

国内学者从 20 世纪开始也对裂隙岩体进行了大量理论研究,钱七虎等通过断层与裂隙结构带的几何位置关系,研究了裂隙岩体的应力波传播理论和衰减规律。

李夕兵利用软弱结构面上的边界条件,指出压缩应力波倾斜入射至存在滑动和摩擦的结构面时,其波势、应力和能流的透反射关系;并提出了岩体是否能够沿软弱结构面产生相对滑动的判断准则;不同结构面岩体波阻抗不同,应力波的入射角不同,能量耗损也将不同。

黄兴论述了节理对应力波传播的衰减影响及其相互作用关系。结果表明,随着应力波的冲击能量增强,介质裂隙率增大;爆心距和介质的物理性能等对炸药爆炸时应力波阵面的曲率有较大影响。

张奇指出岩体中裂隙的几何特性、应力波长度比和不同充填物的力学特性是影响应力波在裂隙处传播规律的主要因素。

高文学针对预裂爆破,分析了爆炸应力波与岩体中裂隙的相互影响过程,指出了岩体中爆炸应力波的传播受软弱结构面影响的原因;根据应力波作用过程,从强度理论角度阐述了裂缝成缝机理。

4. 动态裂纹扩展试验研究

裂纹是断裂力学的主要研究对象之一,通过试验研究是揭示岩石等介质爆炸断裂机理的直接途径,目前大量关于裂纹扩展的物理模型试验都是基于有机玻璃(PMMA)开展的。

胡荣等通过有机玻璃模型改变炮孔位置,就应力波入射角度对爆生裂纹起裂角和扩展角大小影响原因进行了分析。试验结果表明应力波平行入射时,爆生裂纹沿着初裂纹起裂;当入射角介于 15°~75°之间时,预制裂纹的两侧会萌生翼裂纹,受应力波继续作用,翼裂纹的起裂角及扩展长度受入射角的影响较大。

蒲传金等改变炮孔到人工裂隙的距离，通过雷管施加爆炸荷载，指出有机玻璃模型中人工裂隙能够阻断主裂纹的贯穿，同时改变人工裂隙的长度，得出径向裂纹的扩展受距离变化比长度变化要更明显；随着垂直距离的增大，翼裂纹的扩展长度逐渐变短。

杨鑫等通过有机玻璃模型试验，指出影响裂纹扩展的因素有炮孔到预制裂隙距离、应力波角度以及裂隙内部充填物类型，三者相互制约，爆生裂纹扩展机制随三者变化而各有不同。

爆炸荷载作用下研究动态裂纹传播的一个关键状态量是裂纹速度。肖同社等利用数字激光动态焦散线试验系统，进行了裂纹在节理处扩展的探究，利用高速摄影结合高分辨率的全程光路法，从而得出裂纹尖端的速度；结果显示爆生裂纹在穿过裂隙时，裂纹扩展速度降低，尖端的动态强度因子减小，裂纹穿过节理面后又增大；裂纹穿过节理面时会偏离扩展一段路径，然后又沿原方向扩展；存在节理时，适宜的爆心距才能使裂纹贯穿节理面。

杨仁树等通过数字激光动态焦散线试验，研究了爆炸荷载下相向裂纹动态扩展特征，指出相向裂纹彼此作用的联系。试验得出相向运动裂纹的扩展过程分为独立扩展、相互排斥和相互吸引3个阶段，最后形成相互联合的状态，不受相向裂纹的初始距离影响。

左进京等利用数字动态焦散试验系统，研究了空孔对裂纹扩展的影响规律和空孔应力集中特征。试验得出在爆炸应力波作用下，空孔周围都出现焦散斑，但只有水平方向上预制裂纹起裂。从应力应变测试结果上得到：在炮孔与预制空孔连线上，靠近炮孔一侧主要受拉力作用产生破坏，远离炮孔一侧则是受压应力发生破坏。

王雁冰等从不同装药结构入手，探究其对爆生裂纹动态断裂效应的影响，并对比分析了爆生主裂纹和次裂纹动态能量释放率产生差异的原因，指出切缝药包控制爆破不耦合系数取 1.67 时效果较好；随时间变化主裂纹的动态应力强度因子和扩展速度总体呈振荡下降的趋势，在主裂纹扩展过程的中后期，两者达到最小值，最后分析了切缝药包的爆破机理。

岳中文等对爆炸荷载下倾斜裂纹的扩展进行了研究，试验表明板条边界下裂纹扩展速度和裂尖动态应力强度因子随时间振荡变化。

郭东明等通过有机玻璃模拟了对邻近巷道进行爆炸荷载作用，根据裂纹扩展过程，指出应力波绕射至裂隙时，在爆炸裂纹自由面会发生反射，裂纹端部的能量集中现象是裂纹扩展贯穿能力的主要来源，巷道位置加剧了能量集中。

郭文章等通过布置应变砖技术来测量裂隙处的应变场，分析应变波形得出裂隙岩体的破坏规律，并指出节理面强度大小制约着应力波的传播过程。

李清等对平板试件端部衍生的分支裂纹和爆生主裂纹的扩展机制进行了分析，指出分支裂纹易受裂纹端部的衍射效应影响而出现能量集中，分支裂纹的扩展和起裂受爆炸应力波入射角的影响较大；爆炸主裂纹比分支裂纹的强度因子、扩展速度都大。

由于爆破过程具有"高爆温、高爆压、高爆速"的特性，使得试验研究中对该过程进行有效的信号采集也有一定的局限性，随着计算机应用技术的成熟，科研工作者开始对岩石爆破理论模型以及数值模拟试验开展如火如荼的研究。

宗琦等使用 ANSYS/LS-DYNA 数值模拟软件，计算了同排五孔偏心不耦合装药的爆破过程，如图 1-9 所示；结果表明进行偏心不耦合爆破时，炮孔壁上的压力峰值从耦合点到最远点依次减小，压力峰值出现时刻也依次延迟。

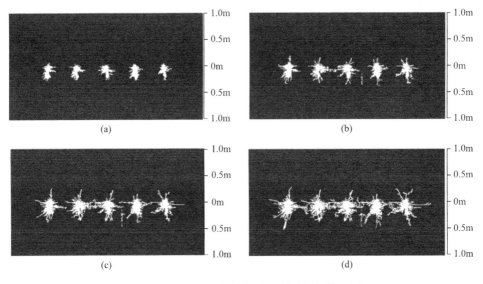

图 1-9 五孔偏心不耦合爆破不同时刻损伤云图
(a) 50μs；(b) 100μs；(c) 150μs；(d) 200μs

李汉坤就不耦合装药对煤层爆生裂纹扩展的影响进行了数值模拟，结果表明当不耦合系数 K 为 1.5，炮孔的间距在 2.7~3.3m 之间时，煤层裂纹扩展效果最好。

谢冰等运用 AUTODYN 2D 与 UDEC 相结合的方法模拟爆炸加载裂隙岩体，研究了不同裂隙夹角和裂隙间距对预裂爆破效果的影响。模拟结果表明当炮孔连线与节理组夹角等于 90°时裂纹成缝贯穿效果最好，裂缝扩展路径与炮孔连线基本一致；节理间距越小，越不易形成贯穿裂纹，缩短炮孔间距有助于裂缝之间的贯通。

苏洪利用有限差分软件构建含典型预裂缝的数值模型，就预制裂缝的宽度变化对应力波的作用机理的影响进行了分析，并对减损机理进行了探讨，结果表明随着预裂缝长度增加，裂纹尖端应力集中效应变强，应力峰值增高。随着预裂缝宽度增加，裂纹面汇合变慢，压力的峰值也越小。

张凤鹏等就不同大小应力和岩体节理特性，综合对比了节理的长度、节理存在位置对裂纹扩展的影响，研究了不同静应力和充填物特性等因素对扩展结果的影响，丰富了裂隙岩体破岩理论。

目前大量关于裂纹扩展试验物理模型都是基于有机玻璃进行的，但大多对不耦合系数的研究都是基于完整模型进行的，对含裂隙的模型试验研究甚少，同时在应力波入射角对爆生裂纹扩展的影响方面还有待继续研究。

1.3.2 裂隙岩体隧道爆破超欠挖研究

裂隙岩体整体稳定性较差，对爆破开挖有更高的要求。国内外学者以减少隧道周边孔爆破对开挖轮廓线之外岩体扰动为切入点，从爆破参数、装药结构两方面进行了优化研究。目前对隧道周边孔爆破效果的控制技术主要有不耦合装药、间隔装药、切缝药包、异形炮孔等。

1. 爆破参数方面

张鸿等结合景鹰高速公路（千枚状板岩、砂质板岩）超欠挖控制，得出的两点心得为：第一，循环拱顶部位的周边孔采用隔孔装药并暂时不起爆；第二，循环的边墙周边孔与第一循环拱顶周边孔协同起爆。苏海军等将周边孔内的装药量降为正常药量的 $1/3 \sim 1/2$，在强风化、裂隙高度发育的破碎岩体爆破中取得较好的爆破效果。

文献针对层状围岩超欠挖现象严重的问题，在拱顶将周边孔向设计轮廓线内偏移、拱腰位置适当减小周边孔间距及药量，同时减少二圈孔药量、加强超前预报及时掌握围岩性质、采用不同循环进尺、避免过分排险，并最终提出不同围岩条件下炮孔布置及爆破设计参数；单仁亮提出了不同围岩情况的爆破参数的设计原则，通过优化爆破参数、控制周边孔和二圈孔的装药量，在减少孔数、提高巷道成型和保护围岩等方面取得了明显成效。

Mohanty 通过物理试验和工程实践指出了在装药孔侧方钻辅助孔可以对裂纹扩展起到导向作用。Nakamura 以 PMMA 为试验模型，分析对比圆形导向孔和两侧预制切槽的导向孔对爆炸裂纹扩展的影响，研究结果指出预制切槽的导向孔更易控制裂纹的扩展。

宗琦针对松软类岩石在爆破荷载下的破坏特征，建立了松软类岩石光面爆破参数理论计算模型；唐景文以泥质灰岩为例，采用数值计算的方法研究了光爆层厚度对爆破效果的影响，得出当周边孔与内圈孔的比值在 $0.8 \sim 1.0$ 范围内效较为理想；王怀勇对处于构造裂隙带上的周边孔，通过在各周边孔之间新增空孔的方式来预防此处岩体发生超挖；彭刚健对于破碎岩体光面爆破参数的确立，应从不考虑岩体损伤和考虑岩体损伤分别设计。

傅朝泓改变了传统的等间距布置周边炮孔的布孔方式，即根据周边轮廓线上裂隙稠密程度相应地增大或减少炮孔间距；毛建安指出不同等级的围岩爆破参数应单独设计，不应自始至终均沿用一套爆破设计方案，认为控制爆破效果的关键措施是采用小直径药卷、周边孔同时起爆；徐帮树等针对节理裂隙带附近的岩体超挖状况，将等间距布置的周边孔改为"长短孔＋空孔"相结合的布孔方式，并协同调整了拱顶和拱腰的不耦合系数。

2. 装药结构方面

对于空气间隔装药，国外的 B. Mohanty 首先将其应用在露天煤矿中，Foumey W. L. 、Preece D. S. 、Pal Roy P. 等紧随其后针对空气层间隔比例的选取以及此模式下岩体破坏机理进行了研究，而国内首次空气间隔装药爆破工程案例，则应用在某地基保护层开挖中，陈先锋运用爆轰气体动力学与应力波传播学相结合，证明有利于控制周边孔设计轮廓线之外岩体的破坏范围的装药结构为空气间隔装药。

徐颖从炮孔内各药卷之间填充物（空气/水垫层）的差异化角度出发，证明软垫层可以缓冲爆压，且利于相邻周边孔孔间裂纹的扩展与连通；王新生对比了空气耦合装药、水耦合装药、空气＋切缝管以及水＋切缝管 4 种装药结构对炮孔壁的损伤程度，数值计算得出对于松软破碎岩体周边孔采用第 4 种装药结构，爆破效果会好一些。

杨仁树等利用有机玻璃做模拟试验，分别制作不锈钢管、PVC 管、有机玻璃管 3 种不同材质的切缝药包套管，比较探讨了爆炸冲击波与爆生气体的传播机制。对比 3 种材质爆破时的空气冲击波超压，结果表明不锈钢套管在切缝药包爆破时，切缝方向与垂直切缝方向的超压比值最大，而玻璃套管比值最小。切缝管可以使炸药周围爆炸冲击波压力场发生变化，不同的切缝管材质对聚能效果影响不同，不锈钢管聚能效果最佳。

唐海等结合隧道爆破现场掘进工况，通过地质雷达对现场岩体损伤进行探测，并大致估算了柱状装药时的爆破损伤，获得了隧道岩体爆破损伤规律。结合裂隙岩体爆破损伤规律，将炮孔所在部位岩体进行分区，其中原岩区药量保持不变，裂隙区药量降低 1/2，破碎区只堵塞不装药的方式提出"减药非连续装药结构"，如图 1-10 所示。这种装药结构可减少炮孔内近 50% 的装药量。

杨仁树等使用切缝药包轴向空气间隔装药结构（图 1-11）在青岛地铁 3 号线区间隧道进行了工程应用，并从切缝药包定向控制爆破爆生裂纹扩展机理上解释了此装药结构改善光面爆破效果的原因。

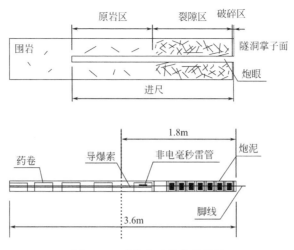

图 1-10 减药非连续装药结构

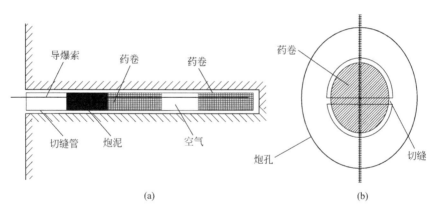

图 1-11 切缝药包轴向空气间隔装药结构示意图
(a) 切缝药包间隔装药示意图;(b) 切缝药包横向剖面图

张志呈等通过观察爆炸加载后的有机玻璃试件发现,在光面爆破围岩侧方向未产生爆生裂纹,而临空面方向裂纹数量较多;进行切缝爆破后护壁面和临空面两侧爆生裂纹大致相同,且都在预定轮廓线上形成了一条较长的主裂纹,证明在该预裂方向上存在能量集中。

蒲传金等利用应变片通过动态测试系统记录应变情况,得出光面护壁爆破护壁方向上应变峰值降低 45.31%,切缝护壁爆破护壁方向上应变峰值降低 12.38%,护壁爆破效果较好。

李必红引入线型聚能爆破对现有的圆形不耦合装药结构进行改进,设计出

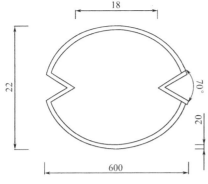

图 1-12 椭圆双极线型聚能药柱示意图

了一种可以有效分配爆炸能量，减少炮孔壁损伤的线型聚能结构，如图 1-12 所示。

管少华、刘禹锡通过不同厚度的有机玻璃模型试件就不耦合装药对爆炸裂纹的形态和分布规律作了分析，同时对偏心不耦合爆破效果进行了对比，给出了工程选取不耦合系数的建议，从而优化爆破效果。

张志呈从炮孔壁的受力状态判断出，对边坡爆破保留岩体的损伤作用最小是图 1-13（c）所示的不耦合装药结构，并将结果推广应用在破碎巷道的掘进中；蒲传金通过理论分析、动态应变测试和高速摄影等方式，证明了双层护壁结构能更好地保护孔壁岩体。

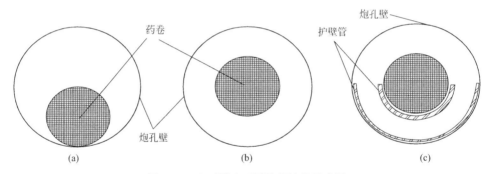

图 1-13 光面爆破不同装药结构示意图
（a）偏心不耦合光面爆破；（b）普通光面爆破；（c）护壁光面爆破

1.4 裂隙岩体隧道周边孔爆破存在的问题及解决措施

裂隙岩体隧道爆破时，容易出现严重的超欠挖问题，光面爆破效果不明显，改变炮孔形状（切槽爆破）和药包形状（聚能爆破）的定向断裂控制爆破施工难度较大，施工效率较低，切缝药包爆破能量利用率偏低，需要一种新的裂隙岩体隧道周边孔控制爆破技术。

光面护壁爆破技术是集合了光面爆破技术和切缝药包爆破技术的优点提出的。护壁管能够降低爆炸能量对隧道围岩的直接作用，减少对围岩的破坏和超欠挖，又有利于将更多的能量用于破碎光爆层岩体，因此开展隧道周边孔光面护壁爆破技术研究是有意义的。

    采用理论分析、数值模拟、物理模型试验和现场试验相结合的方法，开展裂隙岩体隧道光面护壁爆破裂纹开裂机制和规律、爆破参数优化、效果评价及应用研究，可为裂隙岩体隧道爆破开挖提供一种新的选择。

1.5　研究内容

本书主要研究内容：
（1）应力波在岩体裂隙处传播过程与岩石破裂机制；
（2）含不同充填物裂隙对爆炸裂纹扩展影响试验与分析；
（3）隧道光面爆破和光面护壁爆破理论；
（4）隧道光面护壁爆破裂纹扩展试验与分析；
（5）裂隙岩体隧道周边孔爆破裂纹扩展控制技术；
（6）裂隙岩体隧道预留保护层光面爆破技术；
（7）裂隙岩体隧道爆破存在的问题及光面护壁爆破技术应用。

第 2 章
应力波在裂隙处传播过程及岩石破碎机制

自然界岩体受地质作用，产生岩层交界面与软弱结构面，如断层、节理、裂隙等，这些不连续面造成岩体表现为非均匀连续性。裂隙作为岩体缺陷之一，它严重阻碍爆炸应力波传播，而裂隙面本身具有粗糙、不连续、空间上不规则性等特点，从裂隙面特性上讲，难以判别应力波是垂直或倾斜入射岩体裂隙，这使得应力波传播与衰减规律的研究相当困难。为简化裂隙面性质给研究带来的困难，基本上都把裂隙面看作光滑平面。即便如此，裂隙几何特征、充填胶结效果、受力状况、发育程度与水文地质情况等因素仍然导致动应力作用下裂隙岩体的受力过程极为复杂，这使得爆炸应力波在裂隙处传播机理的研究成为爆炸力学、岩石动力学与爆破工程等学科研究的重点与难点内容之一。

目前，为弄清爆炸应力波在裂隙位置的传播过程，诸多学者都在应力波与裂隙面传播过程及其能量耗散等方面作了较多研究。早在 1950 年和 1953 年，Thomson、Haskell 就推导出在层状介质中波传播的矩阵表达式。张奇分析了含充填物质裂隙对应力波传播的影响以及应力波在裂隙处的传播过程。李夕兵也对岩体裂隙面对应力波传播的影响做了研究。J. C Li、H. B Li 等详细分析了应力波在裂隙岩体传播的过程。王明洋、崔新壮、邵珠山等都认为爆炸应力波在裂隙处都会发生衰减。陆文、敖聪利等认为应力波会在裂隙处发生反射与透射，裂隙对应力波具有阻隔作用。蔡恒学、郭文章、张电吉、王进和铁柱等都对裂隙对爆破效果的影响进行了论述。鞠杨等利用 SHPB 试验方法研究了应力波通过裂隙的能量耗散。J. B Zhu 等认为节理充填物表现为黏弹性力学行为，采用修正递归方法对充填单节理、多组平行节理进行了研究，并对两者作出对比分析。

爆炸应力波在岩体裂隙面传播存在衰减、阻隔等现象，它直接影响岩石的破碎范围和破碎效果。尽管近年来应力波在岩体裂隙处传播机理方面研究获得了大量成果，但这些研究中多认为只是裂隙单方面影响应力波传播，但实质上应力波与裂隙是一种相互作用关系。本章主要从应力波传播基本理论出发，分析爆炸应力波与裂隙的相互作用关系，有利于人们更好地认识裂隙岩体爆破破碎机理。

2.1 爆炸应力波在裂隙处传播过程

2.1.1 爆炸应力波

1. 应力波形成机制

岩石中炸药起爆后立即在炮孔壁上产生作用力，直接受力的岩石介质质点就会离开初始平衡位置，产生变形或位移，导致相邻质点受到前一质点力的作用，该相邻质点也产生变形或位移，同时引起下一相邻介质产生变形或位移，这样继续传递下去，岩石介质便会产生扰动，由近到远扰动下去而形成波。

炸药爆炸最初时刻，高能量的冲击波作用于炮孔壁上而形成粉碎区，并消耗大量能量；在冲击波通过粉碎区继续向远处传播过程中，随着传播距离增加而引起能量消耗，冲击波会衰减为应力波。应力波的实质是引起质点之间的应力发生变化，从而导致介质宏观上变形、破坏与断裂。

2. 应力波分类

1) 按照物理性质分类

（1）纵波（P波）。纵波也称为膨胀波或无旋波，该波的传播方向与质点振动方向平行或一致。若传播方向与质点振动方向相同，为压缩波；若两者相反，为拉伸波。该波能引起介质密度变化。

（2）横波（S波）。横波也称为畸变波、剪切波或等容波，该波的传播方向与质点振动方向垂直。该波特点是不会引起介质密度变化，纵向应变均为零。

2) 按与界面相互作用关系分类

在波与界面相互作用时，纵波会保持原来特性，不会发生变化；横波则会分为两个分量或类型，如SH波和SV波。

（1）SH波。通常可以把横波看作是由两个方向的振动组成，SH波则是质点振动在水平面内的横波分量。

（2）SV波。SV波是质点振动的垂直平面内的横波分量。

3) 按与界面相互作用形成的面波分类

（1）表面波。当固体介质表面受到交替变化的表面张力作用时，质点做相应的纵横向复合振动，并且质点振动所引起的波动传播只在固体介质表面进行，故称表面波。表面波是横波的一个特例。常见的表面波包括：瑞利（Rayleigh）波与勒夫（Love）波。瑞利波又称为R波，当传播介质的厚度大于波长时，在一定条件下于半无限大固体介质上与气体介质的交界面上才会产生，瑞利波引起质点的运动轨迹是椭圆，椭圆长轴垂直于波的传播方向，而短轴则平行于波的传播方向。勒夫波是发生在介质表面很薄的一层内，当波长大于传播介质厚度时，在一定条件下才会产生，勒夫波引起质点平行于介质表面方向振动，该波传播方向与质点振动方向垂直，类似于固体介质表面传播的横波。

(2) 界面波。发生在两种不同密度的介质分界面上，并且沿着该分界面传播，一般称为斯通利（Stonely）波。

4) 按与介质不均匀性及复杂界面相联系的波分类

(1) 绕射波。绕射波也称为衍射波。波遇到某种形状的物质或者界面，就会绕过该物质或界面而继续传播，形成绕射现象。通常，在断层的断点、地层、孔洞和节理裂隙处的边缘等易发生波的绕射现象。

(2) 散射波。波遇到凹凸不平界面、介质内不规则的非均匀结构体时，若凹凸不规则部分尺寸相对于波长较小时，则会发生散射现象，并形成散射波。

5) 按弥散关系分类

(1) 简单波。若波传播过程相速度与形状不变，即为简单波，也叫作非弥散非耗散波。

(2) 弥散波。若波的相速度随波数发生变化，最初扰动的波形随时间而发生变形，这样的波称为弥散波。弥散波可分为几何弥散与物理弥散，前者是由几何效应引起的，后者是由介质特性引起的。

(3) 耗散波。兼有弥散效应和耗散效应的波，称为耗散波。

6) 按应力波中的应力大小分类

(1) 弹性波。若应力波中的应力小于介质弹性极限，即传播介质的应力-应变关系符合胡克定律，在该弹性介质传播的波称为弹性波，该波引起介质间存在着相互作用的弹性力。

(2) 塑性波。当应力波的应力大于介质弹性极限，在介质塑性状态下传播的波称为塑性波，该波会导致介质出现残余变形。由于弹性介质与塑性介质的力学性质不同，导致弹性波与塑性波存在以下区别：弹性波波速与应力大小无关，而塑性波波速与应力有关，且随应力增大而减小；当应力与应变满足一定关系时，塑性波波速小于弹性波波速；塑性波波形在传播过程会发生变形，而弹性波波形保持不变。

(3) 黏弹性波。在连续介质力学中，存在一种黏性介质，表现为非线性弹性关系，该介质中传播的波称为黏弹性波。该波能够引起介质弹性应力、摩擦应力和黏滞应力。

(4) 黏塑性波。若波的应力在引起该介质塑性变形，则介质中传播的波称为黏塑性波。

7) 按照波阵面几何形状分类

根据波源以及其产生的波阵面的几何形状，认为平面荷载产生平面波，线荷载或柱状荷载产生柱面波,点荷载或球荷载产生球面波。

8) 按照波传播空间维数分类

根据波在空间传播的维数,可分为一维应力波、二维应力波和三维应力波。

此外,应力波还可以分为入射波、透射波、反射波,加载波、卸载波,以及连续波与间断波等。

2.1.2 应力波波动方程

爆破岩石时,在爆炸荷载作用下,不同区域传播着不同性质的波。冲击波传播范围为药包半径的3~7倍,该范围内的岩石产生塑性变形,故也可认为传播的是塑性波。由于爆炸能量具有不可逆的特点,当塑性波继续传播至药包半径的8~150倍时,就会衰减为弹性波。实际上,这一范围内的部分岩石会表现为弹塑性,在爆炸荷载作用下,塑性会减小,屈服强度极限增加,岩石脆性增加,其变形性质接近于线弹性体。因此,可认为在岩体中传播的主要是弹性波。本小节主要以弹性波理论为基础,研究应力波空间传播问题。

1. 一维应力波波动方程

1) 基本假定

目前,一维应力波的传播主要体现在一维等截面均匀长杆中纵波传播。在描述一维杆中纵波传播问题之前,需要作出三个假设:

(1) 杆变形前后横截面均为平面且杆中只有均布轴向力。根据该假设,杆中各运动参量(如位移、质点速度、应力等)都只是位移 X 和时间 t 的函数,故应力波传播问题就简化为一维问题。但此假设只有在应力波波长与杆横向尺寸之比很大时才近似成立。

(2) 不计横向惯性效应。在假设(1)基础上,若要保持杆横截面为平面,就必须不计杆中质点横向运动的惯性效应,即忽略杆在横向的膨胀与压缩现象。

(3) 材料变形只限于应变率无关理论,应力只是应变单值函数,即材料本构关系可写成:

$$\sigma = \sigma(\varepsilon) \tag{2-1}$$

该假设只有在弹性变形范围内(低应变率)才使用或者对应变率不敏感的弹塑性材料近似可用;但考虑到动荷载作用下应变率远大于准静态荷载下的应变率,可认为材料在某一应变率范围内近似具有唯一的动态应力应变关系,在形式上是与应变率无关的,但与静态应力应变关系不同,因为它在一定意义上已考虑应变率的影响。

2) 纵波控制方程

如图2-1所示,以一维等截面均质杆为例,在拉格朗日(Lagrange)坐标(物质坐标)系下,并选取杆轴线为 X 轴,设杆变形前最初横截面积为 A_0、最

初密度为 ρ_0，其他材料参数都与坐标无关，截面形状一般无限制。控制方程（基本方程）包括运动学条件（连续方程或质量守恒方程）、动力学条件（动量守恒方程或运动方程）、物性方程（能量守恒方程或材料本构方程）。

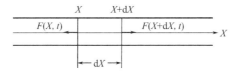

图 2-1　一维等截面均质杆的微元段

根据三项基本假定，应变 ε 和质点速度 v 分别是位移 u 对 X、t 的一阶导数，根据位移单值连续条件，$u=(X,t)$ 为连续函数，则有：

$$\frac{\partial \varepsilon}{\partial t}=\frac{\partial\left(\frac{\partial u}{\partial X}\right)}{\partial t}=\frac{\partial^{2} u}{\partial X \partial t} \tag{2-2}$$

$$\frac{\partial v}{\partial X}=\frac{\partial\left(\frac{\partial u}{\partial t}\right)}{\partial X}=\frac{\partial^{2} u}{\partial X \partial t} \tag{2-3}$$

两式相等，从而可得到位移连续方程（即 ε 和 v 的相容方程）：

$$\frac{\partial v}{\partial X}=\frac{\partial \varepsilon}{\partial t} \tag{2-4}$$

在图 2-1 中，研究长度为 $\mathrm{d}X$ 微元体，在横截面 X 上作用有总力 $p(X,t)$，而在横截面 $X+\mathrm{d}X$ 上作用总力：

$$p(X+\mathrm{d}X,t)=p(X,t)+\frac{\partial p(X,t)}{\partial X}\mathrm{d}X \tag{2-5}$$

根据牛顿第二定律，作用在微元体两个截面上的作用力之差等于微元体质量与加速度的乘积，即：

$$p(X+\mathrm{d}X,t)-p(X,t)=\left[p(X,t)+\frac{\partial p(X,t)}{\partial X}\mathrm{d}X\right]-p(X,t)=\rho_0 A_0 \mathrm{d}X\frac{\partial v}{\partial t} \tag{2-6}$$

引入工程应力 $\sigma=\dfrac{p(X,t)}{A_0}$，代入上式，整理可得动量守恒方程（$\sigma$ 和 v 的相容方程）：

$$\rho_0 \frac{\partial v}{\partial t}=\frac{\partial \sigma}{\partial X} \tag{2-7}$$

由基本假定（3）给出的材料本构方程式（2-1），再结合式（2-2）～式（2-7），就可得到关于变量应力 σ、应变 ε、质点速度 v 的封闭控制方程组：

$$\begin{cases} \sigma = \sigma(\varepsilon) \\ \dfrac{\partial \varepsilon}{\partial t} = \dfrac{\partial v}{\partial X} \\ \rho_0 \dfrac{\partial v}{\partial t} = \dfrac{\partial \sigma}{\partial X} \end{cases} \quad (2\text{-}8)$$

一般地，$\sigma(\varepsilon)$ 可连续微分，对于连续波波速：

$$C = \sqrt{\dfrac{1}{\rho_0} \dfrac{\mathrm{d}\sigma}{\mathrm{d}\varepsilon}} \quad (2\text{-}9)$$

由式（2-1）与式（2-7）消去 σ，得：

$$\dfrac{\partial v}{\partial t} = C^2 \dfrac{\partial \varepsilon}{\partial X} \quad (2\text{-}10)$$

由式（2-4）与式（2-10）联合组成关于应变 ε、质点速度 v 的一阶偏微分方程组。

将式 $\varepsilon = \dfrac{\partial u}{\partial X}$、$v = \dfrac{\partial u}{\partial t}$ 代入式（2-10），则一维应力波求解问题等价归结为求解位移 u 为未知函数的二阶偏微分方程，也就是波动方程：

$$\dfrac{\partial^2 u}{\partial t^2} - C^2 \dfrac{\partial^2 u}{\partial X^2} = 0 \quad (2\text{-}11)$$

2. 无限介质应力波波动方程

应力波在无限介质中传播，其内部的应力、应变和位移应该是位置与时间的函数。在建立平衡方程时，应该对应力、体力与惯性力综合考虑。位移为 u、v、w，介质密度为 ρ，于是动态平衡方程为：

$$\begin{cases} \dfrac{\partial \sigma_x}{\partial x} + \dfrac{\partial \tau_{yx}}{\partial y} + \dfrac{\partial \tau_{zx}}{\partial z} + X = \rho \dfrac{\partial^2 u}{\partial t^2} \\ \dfrac{\partial \sigma_y}{\partial y} + \dfrac{\partial \tau_{zy}}{\partial z} + \dfrac{\partial \tau_{xy}}{\partial x} + Y = \rho \dfrac{\partial^2 v}{\partial t^2} \\ \dfrac{\partial \sigma_z}{\partial z} + \dfrac{\partial \tau_{xz}}{\partial x} + \dfrac{\partial \tau_{yx}}{\partial y} + Z = \rho \dfrac{\partial^2 w}{\partial t^2} \end{cases} \quad (2\text{-}12)$$

由于上式含有位移分量，故采用弹性力学中位移求解法。根据物理方程与几何方程，并忽略体力，可将式（2-12）变化为：

$$\begin{cases} \dfrac{E}{2(1+\mu)\rho}\left(\dfrac{1}{1-2\mu}\dfrac{\partial e}{\partial x} + \nabla^2 u\right) = \dfrac{\partial^2 u}{\partial t^2} \\ \dfrac{E}{2(1+\mu)\rho}\left(\dfrac{1}{1-2\mu}\dfrac{\partial e}{\partial y} + \nabla^2 v\right) = \dfrac{\partial^2 v}{\partial t^2} \\ \dfrac{E}{2(1+\mu)\rho}\left(\dfrac{1}{1-2\mu}\dfrac{\partial e}{\partial z} + \nabla^2 w\right) = \dfrac{\partial^2 w}{\partial t^2} \end{cases} \quad (2\text{-}13)$$

其中：
$$\nabla^2 = \frac{\partial^2}{\partial x^2} + \frac{\partial^2}{\partial y^2} + \frac{\partial^2}{\partial z^2}$$

$$e = \frac{\partial u}{\partial x} + \frac{\partial v}{\partial y} + \frac{\partial w}{\partial z}$$

式中　E——弹性模量；

　　　μ——泊松比。

取位移势函数 $\phi = \phi(x, y, z, t)$，使得：

$$u = \frac{\partial \phi}{\partial x}, v = \frac{\partial \phi}{\partial y}, w = \frac{\partial \phi}{\partial z} \tag{2-14}$$

由于旋转量：

$$\theta_x = \frac{1}{2}\left(\frac{\partial w}{\partial y} - \frac{\partial v}{\partial z}\right) = \frac{1}{2}\left(\frac{\partial^2 \phi}{\partial y \partial z} - \frac{\partial^2 \phi}{\partial z \partial y}\right) = 0 \tag{2-15}$$

$$\theta_y = \frac{1}{2}\left(\frac{\partial u}{\partial z} - \frac{\partial w}{\partial x}\right) = \frac{1}{2}\left(\frac{\partial^2 \phi}{\partial z \partial x} - \frac{\partial^2 \phi}{\partial x \partial z}\right) = 0 \tag{2-16}$$

$$\theta_z = \frac{1}{2}\left(\frac{\partial v}{\partial x} - \frac{\partial u}{\partial y}\right) = \frac{1}{2}\left(\frac{\partial^2 \phi}{\partial x \partial y} - \frac{\partial^2 \phi}{\partial y \partial x}\right) = 0 \tag{2-17}$$

因此，式（2-14）表示为无旋位移，其对应状态下的弹性波称为无旋波。而无旋波不会引起介质产生旋转，只能造成介质拉伸或者膨胀，这一属性与纵波相同，故无旋波也称为纵波。

根据式（2-14），可得：

$$e = \frac{\partial u}{\partial x} + \frac{\partial v}{\partial y} + \frac{\partial w}{\partial z} = \nabla^2 \phi \tag{2-18}$$

关于 x、y、z 求偏导 e，得出：

$$\frac{\partial e}{\partial x} = \frac{\partial \nabla^2 \phi}{\partial x} = \nabla^2 \cdot \frac{\partial \phi}{\partial x} = \nabla^2 u \tag{2-19}$$

$$\frac{\partial e}{\partial y} = \frac{\partial \nabla^2 \phi}{\partial y} = \nabla^2 \cdot \frac{\partial \phi}{\partial y} = \nabla^2 v \tag{2-20}$$

$$\frac{\partial e}{\partial z} = \frac{\partial \nabla^2 \phi}{\partial z} = \nabla^2 \cdot \frac{\partial \phi}{\partial z} = \nabla^2 w \tag{2-21}$$

将上述各式代入式（2-13）中，化简得出无旋波（纵波）在无限介质中传播的波动方程，即：

$$\frac{\partial^2 u}{\partial t^2} = C_1^2 \nabla^2 u, \frac{\partial^2 v}{\partial t^2} = C_1^2 \nabla^2 v, \frac{\partial^2 w}{\partial t^2} = C_1^2 \nabla^2 w \tag{2-22}$$

其中：

$$C_1 = \sqrt{\frac{E(1-\mu)}{\rho(1+\mu)(1-2\mu)}} \tag{2-23}$$

式中　C_1——无旋波（纵波）波速；

E——弹性模量；

μ——泊松比。

此外，假设弹性体中发生的位移 u、v、w 满足：

$$e = \frac{\partial u}{\partial x} + \frac{\partial v}{\partial y} + \frac{\partial w}{\partial z} = \nabla^2 \phi = 0 \tag{2-24}$$

则该位移为等容位移，其对应的状态的弹性波为等容波。等容波不同于无旋波，它可引起弹性体发生形状改变，故也称为横波、畸变波或者剪切波。将式（2-24）代入式（2-13）中，得到等容波的波动方程，即：

$$\frac{\partial^2 u}{\partial t^2} = C_2{}^2 \nabla^2 u, \frac{\partial^2 v}{\partial t^2} = C_2{}^2 \nabla^2 v, \frac{\partial^2 w}{\partial t^2} = C_2{}^2 \nabla^2 w \tag{2-25}$$

$$C_2 = \sqrt{\frac{E}{2\rho(1+\mu)}} = \sqrt{\frac{G}{\rho}} \tag{2-26}$$

式中　C_2——等容波波速；

G——剪切弹性模量；

μ——泊松比。

对比式（2-23）、式（2-26），得出：

$$\frac{C_1}{C_2} = \sqrt{\frac{2(1-\mu)}{1-2\mu}} \tag{2-27}$$

由于大多数岩石泊松比集中在 $0.1 \sim 0.45$，得到 C_1/C_2 比值范围为 $1.667 \sim 3.317$，可知纵波速度大于横波速度。

无旋波（纵波）与等容波（横波）是弹性波两种基本形式。根据式（2-21）、式（2-25），两者波动方程统一为：

$$\frac{\partial^2 \phi}{\partial t^2} = C^2 \nabla^2 \phi \tag{2-28}$$

式中　ϕ——与时间有关的位移函数；

C——弹性波波速，其中表示无旋波（纵波）时为 C_1，等容波（横波）时为 C_2。

2.1.3　爆炸应力波与裂隙的相互作用关系

岩体中往往含有各种结构面、孔洞、节理裂隙与软弱夹层等，它们严重阻碍爆炸应力波传播，加剧爆炸能量衰减。应力波在裂隙处传播过程极其复杂，不仅由于传播时间极短，难以直接观察到应力波整个传播过程，而且动荷载对裂隙的力学效应也会因裂隙力学特性而不一样。应力波在裂隙处传播机理作为岩石动力学主要研究内容之一，经过近年来国内外学者不断研究，已经取得一些成果。但前人多研究裂隙对应力波的作用，但实质上应力波在裂隙处传播是两者的相互作用。因此，本小节主要研究爆炸应力波与裂隙相互作用。

1. 爆炸应力波正、斜入射裂隙

1）应力波正入射裂隙

应力波正入射裂隙如图 2-2 所示。

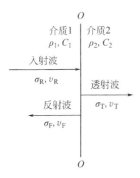

图 2-2 应力波正入射裂隙

如图 2-2 所示，设两种不同介质交界面为 $O\text{-}O$，应力波入射侧介质 1、透射侧介质 2 的密度与弹性波速度分别为 ρ_1 和 C_1、ρ_2 和 C_2。根据应力波纵波公式 $\sigma = \rho C v$，有：

$$v_R = \frac{\sigma_R}{\rho_1 C_1} \tag{2-29}$$

$$v_F = \frac{\sigma_F}{\rho_1 C_1} \tag{2-30}$$

$$v_T = \frac{\sigma_T}{\rho_2 C_2} \tag{2-31}$$

根据应力波在裂隙面上具有连续性这一特点，可认为质点的振动速度相等；并且，由于应力波在裂隙面两侧的作用力与反作用力相等，可分别得到：

$$v_R - v_F = v_T \tag{2-32}$$

$$\sigma_R + \sigma_F = \sigma_T \tag{2-33}$$

将式（2-29）～式（2-31）代入式（2-32），得到：

$$\frac{\sigma_R}{\rho_1 C_1} - \frac{\sigma_F}{\rho_1 C_1} = \frac{\sigma_T}{\rho_2 C_2} \tag{2-34}$$

将式（2-33）与式（2-34）联合求解，得出：

$$\sigma_F = \frac{\rho_2 C_2 - \rho_1 C_1}{\rho_2 C_2 + \rho_1 C_1} \cdot \sigma_R \tag{2-35}$$

$$\sigma_T = \frac{2\rho_2 C_2}{\rho_2 C_2 + \rho_1 C_1} \cdot \sigma_R \tag{2-36}$$

其中，$\frac{\rho_2 C_2 - \rho_1 C_1}{\rho_2 C_2 + \rho_1 C_1}$ 表示应力波垂直入射时反射系数，$\frac{2\rho_2 C_2}{\rho_2 C_2 + \rho_1 C_1}$ 表示应力波垂直入射时透射系数；$\rho_1 C_1$ 表示介质 1 的波阻抗，$\rho_2 C_2$ 表示介质 2 的波阻抗。

2）应力波斜入射裂隙

应力波斜入射裂隙如图 2-3 所示。

相比于应力波垂直入射，斜入射情况比较复杂，因为在介质交界面上无论横波（S 波）还是纵波（P 波）都会在反射和折

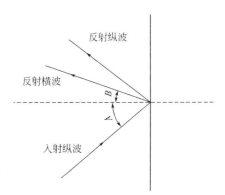

图 2-3 纵波斜入射自由面

射过程中产生横波和纵波。

现以纵波斜入射到自由面上同时产生反射纵波、反射横波为例来说明，如图 2-3 所示，其中 A、B 分别表示入射纵波的入射角、反射横波的反射角。

根据 Snell 定理，可得：

$$\frac{\sin A}{\sin B} = \frac{c_p}{c_s} = \sqrt{\frac{2(1-\mu)}{1-2\mu}} \tag{2-37}$$

式中　　c_p——纵波波速；

　　　　c_s——横波波速；

　　　　μ——泊松比。

设入射纵波在自由面引起的应力为 σ_{rp}，反射纵波、反射横波在自由面引起的应力分别为 σ_{fp}、τ_{fs}，它们存在如下关系：

$$\sigma_{fp} = R\sigma_{rp} \tag{2-38}$$

$$\tau_{fs} = [(R+1)\cot B]\sigma_{rp} \tag{2-39}$$

$$R = \frac{\tan B \cdot \tan^2 2B - \tan A}{\tan B \cdot \tan^2 2B + \tan A} \tag{2-40}$$

式中，R 表示应力波的反射系数。

若把入射纵波换成横波，同理可得到：

$$\tau_{fs} = R\tau_{rs} \tag{2-41}$$

$$\sigma_{fp} = [(R+1)\cot B]\tau_{rs} \tag{2-42}$$

2. 裂隙处形成的不同应力波的综合作用

众所周知，爆炸应力波在裂隙处会产生反射、透射等现象，然而在反射与透射过程中一种波会产生另外两种波，如纵波经过反射会产生反射纵波、反射横波，这就使得多种波汇聚在裂隙处，造成波的传播表现为复杂性。同时，应力波还会在裂隙处产生绕射（衍射）应力波，它能够在裂隙端部产生翼裂纹，加大岩体破碎范围。波是能量的载体，从整体角度而言，能量大小影响着裂隙破坏的程度以及岩石破坏范围。波与波之间存在相互干扰现象，在局部区域应力集中，造成裂隙周围能量不均，从而引起岩石出现大块、根底、粉矿率过高等现象。

由于各种应力波在裂隙处表现极其复杂，从宏观角度而言，通常把应力波作简单化处理，认为波的应力场内只存在压缩应力波、反射应力波与透射应力波，其中绕射应力波可归结为压缩应力波。根据波的叠加原理，可将应力波在岩石介质的作用区域分为应力加强区与应力降低区。压缩应力波在裂隙面产生反射应力波，并于后续压缩应力波通过应力幅值叠加，若两波应力幅值增大，则表示该区域处于应力增强区，若两波应力幅值降低，则处于应力降低区。应力幅值增大，可使径向裂纹继续向爆源远处扩展、延伸，利于介质破碎，而裂纹延伸长度与反射应力传播方向和裂隙的夹角 θ 有关。当 $0 < \theta < 90°$ 时，裂纹延伸长度随角度增

加而增长。

应力波垂直入射裂隙的反射系数 v 为：

$$v = \frac{\rho_2 c_2 - \rho_1 c_1}{\rho_2 c_2 + \rho_1 c_1} \tag{2-43}$$

式中　ρ_1——岩石密度；

　　　c_1——岩石中应力波波速；

　　　ρ_2——空气或裂隙夹层介质密度；

　　　c_2——空气或裂隙夹层应力波波速。

应力波幅值在 x 处的叠加大小：

$$\sigma(x,t) = \sigma_0 \sin\left[f\left(t - \frac{x}{c_p}\right)\right] - v\sigma_0 \sin\left[f\left(t - \frac{2L-x}{c_p}\right)\right] \left(t > \frac{2L-x}{c_p}\right) \tag{2-44}$$

式中　$\sigma(x, t)$——叠加后应力值；

　　　σ_0——波的幅值；

　　　f——波的传播频率；

　　　t——时间；

　　　c_p——纵波速度；

　　　L——波源到裂隙面距离。

可见，叠加后的应力波幅值取决于波的幅值、反射系数、频率、波速与波源到裂隙面距离等因素。

通常，在裂隙端部会产生翼裂纹。这是由于压缩应力波、绕射应力波在裂隙端部产生应力集中，当两波能量达到介质动态起裂强度时，裂隙端部就会产生翼裂纹。在翼裂纹扩展过程中，由于压缩应力波、绕射应力波在裂纹尖端的应力方向存在一定夹角，导致翼裂纹扩展出现偏移，宏观表现为翼裂纹的曲折现象。实践证明，压缩、绕射应力波在裂纹尖端上的合力与裂纹扩展方向存在一定夹角，这表明翼裂纹扩展主要是拉裂破坏。同时，压缩与绕射应力波对介质进行压缩，会在裂纹尖端产生滑动剪切力，造成裂纹断口不平整。随着翼裂纹长度增加，爆源到裂纹尖端的应力也随之下降，当翼裂纹尖端应力强度低于介质动态拉裂强度，裂纹止裂。

3. 含充填物的裂隙对爆炸应力波传播的影响

岩体的变形主要由结构面、层理、裂隙、自由面与充填物等决定，而充填现象在裂隙岩体中极其常见，充填物一般为胶质黏土、岩屑等。一般而言，裂隙面两侧为不同介质，两者波阻抗也不相同。在应力波从岩石经过充填裂隙时，若岩石介质波阻抗远远大于裂隙充填物（如空气）时，应力波基本上难以继续传播，应力波能量在裂隙面几乎全反射回岩石，造成应力波能量被裂隙阻隔，岩石破碎范围小，局部区域岩石会过度粉碎。可见，充填物对应力波传播具有重要影响，因此开展对充填物如何影响应力波传播等问题的研究显得极其重要。

多年以来，众多爆破工作者经过理论与实践研究，提出了波阻抗匹配的观点，认为裂隙面两侧的岩石与充填物波阻抗值越接近，越有利于应力波传播。该观点是基于炸药与岩石波阻抗匹配观点而得来的。但随着研究的深入，发现裂隙岩石与充填物波阻抗匹配观点也存在与生产现场、物理试验等不符的现象，即使在两者不匹配情况下，岩石破碎效果也较理想。由于充填物力学性质、应力波传播过程裂隙滑移剪切与充填物运动等，造成应力波波形、传播路径会在传播过程中发生改变，能量分布变得复杂，这个过程中岩石裂纹发展、破裂形式也会随之改变。从中可以看出，充填物对应力波传播的重要性。

2.2 裂隙岩体破碎机制

2.2.1 岩体爆破破碎理论

裂隙岩体在爆炸过程中表现出的力学特性不同于完整岩体，炸药爆炸释放出来的能量在裂隙处逸失、耗散等，造成应力波与爆轰气体对岩石作用出现部分不集中与部分过度集中，从而产生大块、根底等不良爆破现象。炸药对岩石作用是一个高温、高压、高速的瞬态过程，其作用时间通常在几十微秒到几毫秒，因此难以直接测量与研究岩石破碎过程及其破坏机理。尽管爆破过程的瞬时性与复杂性给岩石破碎机理研究带来了巨大困难，但是随着人类逐渐对生活生产经验的累积、科技日新月异的进步，借助先进测试仪器与相似物理试验，岩石破碎过程逐步得到认识，并且提出了多种岩石破碎机理观点，它们在一定程度上对破碎过程进行了合理解释，反映了岩石破碎的一般规律。

岩石爆破破碎理论大致分为三类：爆生气体破坏作用理论、爆炸应力波反射拉伸作用理论与应力波和爆生气体综合作用理论。

1. 爆生气体破坏作用理论

该理论以静力学为理论基础，认为岩石破碎主要是爆炸气体膨胀做功引起的。在存在自由面前提下，炸药爆炸产生的高温高压气体作用于炮孔壁上，气体高温改变岩石物理力学性质，高压促使炮孔壁质点朝自由面产生径向位移。由于炮孔壁上质点到自由面距离不一样，其质点所受到的阻力也不一样，造成不同质点之间运动速度存在差异，相邻质点之间就会发生剪切应力。若该剪切应力大于岩石动态抗剪强度，岩石发生剪切破坏，高压气体沿剪切缝膨胀作用，径向抛掷岩石。

2. 爆炸应力波反射拉伸作用理论

该理论以爆炸动力学为基本观点，认为爆炸产生的冲击波径向压缩岩石介质，造成炮孔壁粉碎并产生径向裂纹，在这个过程中冲击波衰减为应力波，应力波若遇到自由面发生反射，产生的反射应力波强度如果大于岩石动态抗拉强度，就会造成岩石拉裂破坏。该理论只考虑了应力波作用过程，未考虑爆生气体膨胀做功。

3. 应力波和爆生气体综合作用理论

该理论认为实际爆破过程中，冲击波、爆生气体以能量的方式传递给岩石。冲击波对岩石径向压缩而产生拉应力，从而形成径向裂隙。爆生气体楔入裂隙，进一步引起裂隙扩展；由于冲击波传播速度很大，在自由面形成的反射拉伸波在爆生气体扩展裂隙过程中再次促进裂隙扩展，岩石被拉裂破碎，导致强度降低，最后爆生气体膨胀抛掷岩石碎块。因此，岩石破坏过程是应力波和爆生气体综合作用的结果。

2.2.2 材料强度准则

强度准则通常称为破坏判据，用以判断材料在受力状态下是否会断裂，其研究对于保障设计安全、评价结构稳定性等方面具有重要实际意义。目前，已发展了多种材料断裂准则，并且分别在不同受力状态、不同破坏形式等各类条件下适用。

1. 最大拉应力准则

最大拉应力准则又称为第一强度理论，最早由英国的兰金（Rankine. W. J. W）提出。无论材料处于何种应力状态，只要最大拉应力 σ_3 大于等于材料的拉伸强度 σ_t，岩石就会发生破坏。其强度准则为：

$$\sigma_3 \geqslant -\sigma_t \tag{2-45}$$

这一理论未考虑另外两个应力的影响，因此不能适用于单轴压缩、三向压缩等情况。

在最大拉应力准则基础上，提出了最早动态断裂准则，即最大拉应力瞬时断裂准则，同样认为一旦拉应力达到或超过材料的动态最大抗拉强度，就会产生断裂。在这里，材料由静态拉伸强度变为动态拉伸强度，而动态拉伸强度通常都比静态拉伸强度大，它与时间有关，可以较好地描述、解释动态作用下材料拉伸断裂现象。

2. 最大拉应变准则

最大拉应变准则又称为第二强度理论，认为材料中出现的最大拉应变 ε_3 大于等于材料拉伸极限应变 ε_t，就会造成材料张性破坏。其强度准则为：

$$\varepsilon_3 \geqslant \varepsilon_t \tag{2-46}$$

或

$$\varepsilon_3 = \frac{1}{E}[\sigma_3 - \mu(\sigma_1 + \sigma_2)] \geqslant \varepsilon_t \tag{2-47}$$

3. 最大剪（切）应力准则

最大剪（切）应力准则又称为第三强度理论，这是从塑性材料研究获得的准则。大量试验表明，材料若屈服时，试件出现的斜破裂面将大致与轴线呈 45°夹角，而最大剪应力方向与斜破裂面平行，因此认为斜破裂面的产生为材料剪切滑移的结果，并认为该剪切滑移是材料塑性变形的根本原因。因此，该理论认为当材料承受的最大剪（切）应力 $\tau_{\max}$ 大于等于其单轴压缩或单轴拉伸极限剪（切）应力 τ_m 时，材料便被剪切破坏。其强度准则为：

$$\tau_{\max} \geqslant \tau_m \tag{2-48}$$

该准则是在塑性材料研究中获得的结果，故不适用于脆性材料。此外，该准则没有考虑中间主应力的影响。

上述三种强度准则都是在岩石力学中比较经典或者常用的，除此之外，其他强度理论还包括：库仑-莫尔强度理论、格里菲斯强度理论、德鲁克-普拉格准则、霍克-布朗经验准则、弱结构面强度理论、三维脆性岩石断裂准则、八面体剪应力准则和米西斯（Von Mises）准则等，然而这些准则基本属于静态断裂准则，难以描述岩石动态断裂力学行为。因此，除了根据岩石性质、受力状态、实际工程与岩石强度准则适用条件等为依据，合理选择岩石强度准则之外，还应在静态断裂准则基础上对其加以修正。如爆炸应力波在脆性岩石中产生反射拉伸，若采用最大拉应力准则，则可修正为最大拉应力瞬时断裂准则，从而可对岩石力学动态断裂现象作出合理解释或判断，以便试验与工程研究。

2.2.3 裂隙岩体结构面对爆破作用的影响

裂隙岩体是非连续介质结构体，由结构面与结构体构成。从爆炸动力学、岩石力学角度出发，认为裂隙岩体爆破效果的好坏不仅与结构面本身强度有关，而且与应力波传播过程有关。波是能量的载体，结构面的存在，导致其传播过程直接影响爆炸能量分布与作用范围，主要体现在岩石爆破效果与破碎范围。因此，从爆炸能量与岩石破坏范围角度，可认为结构面对爆破存在以下影响作用：应力集中作用、应力波能量阻隔与反射增强作用、能量吸收作用、泄能作用、楔入作用与改变破坏线作用等。

实质上，上述各种作用都是爆炸应力波与结构面相互作用的结果。影响结构面强度因素包括，结构面数量、分布、走向、倾角与间距，结构面张开与闭合，结构面充填及充填物种类等，它们影响岩体整体力学性质与应力波传播过程。当爆炸应力波传播作用在结构面时，会引起波的反射、透射、折射、绕射以及波型转换等。应力波传播路径与波型发生变化的过程，会导致岩体各部分获得的能量不均匀，出现应力集中现象，在实际爆破工程中可用炸药利用率、粉矿率、岩石大块和根底率等参数指标具体体现。此外，由于结构面对应力波能量具有阻隔与吸收作用，利用这一作用可在预裂爆破中大量减少爆破振动，有效保护保留岩体，也可对邻近爆源的重要建（构）筑物起到保护作用。因此，研究结构面与应力波相互作用关系在提高炸药有效利用率、优化爆破参数、改善爆破效果与质量、采取隔振措施等方面都具有实际意义。

2.3 含不同充填物预制裂隙对爆炸裂纹扩展影响试验

充填物与角度对应力波传播及介质破碎都有着极其重要影响。但是，目前在爆源与含不同充填物的裂隙在不同距离和角度的情况下，爆炸动荷载下裂隙岩体裂纹扩展规律尚缺乏深入研究。因此，本节从充填物种类、爆源与预制裂隙距离和夹角等方面出发，定量分析这三个因素与爆炸裂纹扩展的关系，揭示裂纹扩展规律。

2.3.1 试验设计

采用长 400mm、宽 400mm、高 5mm 的有机玻璃板作为试验模型，直径 7mm 炮孔位于模型中心，长 60mm、宽 2mm 预制裂隙穿透模型，两侧端头是半径 1mm 的圆弧，以防止爆炸时其四个端角出现应力集中，如图 2-4 所示。图 2-4 中 θ 为预制裂隙右端圆弧顶点到炮孔中心连线与预制裂隙长度方向的轴线的夹角，简称炮孔与预制裂隙的不同夹角，L 为预制裂隙右端半圆弧顶点到炮孔中心距离。

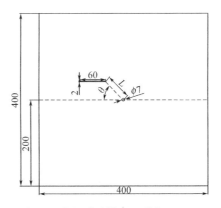

图 2-4 有机玻璃模型（单位：mm）

H. P. Rommanith 等发现：有机玻璃与岩石在爆破应力场作用下断裂力学性质基本一致；有机玻璃易于加工且具有较好的透光性，便于对裂纹进行研究。因此，本书模型试验都选用有机玻璃作为试验介质。

试验按充填物分为空气、黏土和水三组；每组以 θ 为变量，分为 0°、45°和 90°三小组；每小组又以 L 为变量，L 分别为 20mm、30mm、40mm、50mm 和 60mm。

试验步骤为：

(1) 用激光对模型切割、钻孔和预制裂隙，要求孔壁和裂隙壁面光滑且垂直模型表面。

(2) 在黏土和水充填模型预制裂隙一侧贴上透明胶带；黏土充填模型用含水

率 30%的黏土完全充实裂隙，要求充填黏土与模型厚度一致且不侵入胶带粘贴区域；水充填模型用注射器将水充满裂隙并保证水与裂隙接触且无气泡存在；三组模型试验时需用支架垫起四角至地面一定高度，目的是防止雷管底部触地引起主装药区位置变化，如图 2-5 所示。

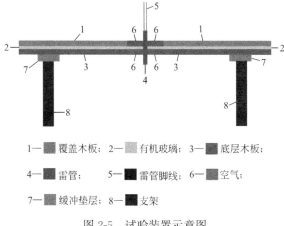

1—覆盖木板；2—有机玻璃；3—底层木板；
4—雷管；5—雷管脚线；6—空气；
7—缓冲垫层；8—支架

图 2-5　试验装置示意图

（3）为防止雷管爆炸时外壳碎片划伤模型，将与模型大小一致、中心加工有比炮孔直径稍大孔洞的薄木板覆盖于模型上面。将 1 发 8 号瞬发电雷管固定在炮孔中心，要求所有雷管主装药与模型厚度中心正对。

（4）分组起爆雷管并回收模型。

2.3.2　试验结果与分析

三组试验爆炸后有机玻璃模型如图 2-6～图 2-8 所示。

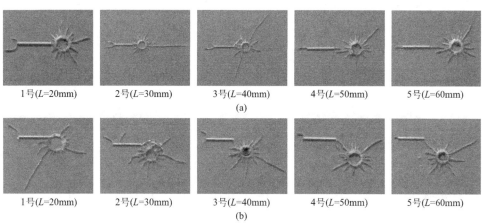

1号(L=20mm)　　2号(L=30mm)　　3号(L=40mm)　　4号(L=50mm)　　5号(L=60mm)
(a)

1号(L=20mm)　　2号(L=30mm)　　3号(L=40mm)　　4号(L=50mm)　　5号(L=60mm)
(b)

图 2-6　空气充填模型爆炸后有机玻璃（一）
(a) 0°组；(b) 45°组

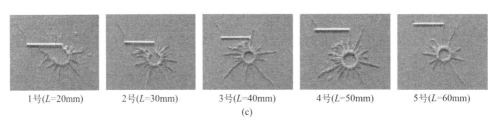

1号(*L*=20mm)　　2号(*L*=30mm)　　3号(*L*=40mm)　　4号(*L*=50mm)　　5号(*L*=60mm)
(c)

图 2-6　空气充填模型爆炸后有机玻璃（二）
(c) 90°组

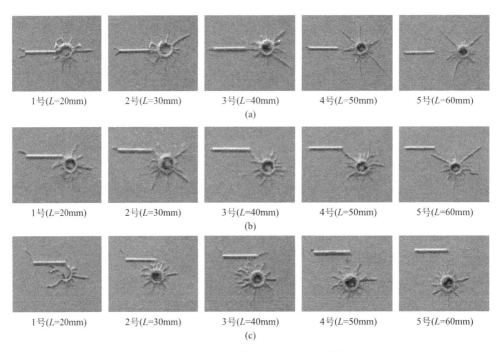

1号(*L*=20mm)　　2号(*L*=30mm)　　3号(*L*=40mm)　　4号(*L*=50mm)　　5号(*L*=60mm)
(a)

1号(*L*=20mm)　　2号(*L*=30mm)　　3号(*L*=40mm)　　4号(*L*=50mm)　　5号(*L*=60mm)
(b)

1号(*L*=20mm)　　2号(*L*=30mm)　　3号(*L*=40mm)　　4号(*L*=50mm)　　5号(*L*=60mm)
(c)

图 2-7　黏土充填模型爆炸后有机玻璃
(a) 0°组；(b) 45°组；(c) 90°组

1号(*L*=20mm)　　2号(*L*=30mm)　　3号(*L*=40mm)　　4号(*L*=50mm)　　5号(*L*=60mm)
(a)

图 2-8　水充填模型爆炸后有机玻璃（一）
(a) 0°组

1号($L=20$mm)　　2号($L=30$mm)　　3号($L=40$mm)　　4号($L=50$mm)　　5号($L=60$mm)
(b)

1号($L=20$mm)　　2号($L=30$mm)　　3号($L=40$mm)　　4号($L=50$mm)　　5号($L=60$mm)
(c)

图 2-8　水充填模型爆炸后有机玻璃（二）

(b) 45°组；(c) 90°组

1. 充填物、角度和距离对裂纹扩展影响的探讨

常温下四种介质波阻抗关系见表 2-1。

常温下四种介质波阻抗关系　　　　　　　　　　表 2-1

介质	密度 ρ (kg/m^3)	纵波速度 c (m/s)	波阻抗 [kg/(m^2·s)]	波阻抗差值 [kg/(m^2·s)]
有机玻璃	1190	2320	2.7608×10^6	—
空气	1.25	340	425	2.760 375×10^6
黏土	1800	1000	1.8×10^6	0.9608×10^6
水	998	1497	1.494 006×10^6	1.266 794×10^6

充填物力学特性影响模型断续性，采用波阻抗来衡量断续性，四种介质波阻抗如表 2-1 所示。根据波阻抗匹配观点，有机玻璃与充填物波阻抗差值大小与模型断续性大小成反比、与应力波被阻隔能量大小成正比。空气与其他三种介质波阻抗相差甚大，可认为空气充填模型断续性最小而导致应力波完全被阻隔；黏土、水充填模型断续性较大而利于应力波传播。对角度 θ 和距离 L 而言，一般认为，在三种充填模型中角度越大、距离越小都会引起反射回爆源的应力波能量越大；而在黏土、水充填模型中角度越大、距离越小又会造成被吸收应力波能量越大。可见，充填物种类、角度和距离与反射、被吸收的应力波能量存在相互制约关系。从试验可知，正是因三变量导致爆炸裂纹存在差异，故分析时还需考虑三变量与应力波能量的相互制约关系对爆炸裂纹扩展的影响，从而作出较全面解释。

2. 充填物对裂纹扩展的影响

充填物与爆炸裂纹总数关系如图 2-9 所示。

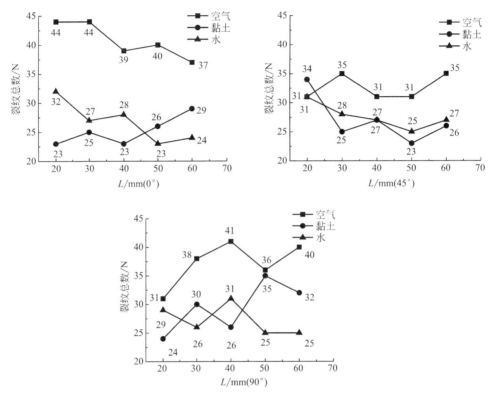

图 2-9　充填物与爆炸裂纹总数关系

由于空气充填模型断续性最小,其预制裂隙完全阻隔爆炸能量,反射应力波强度较大,有利于爆炸裂纹的形成;而黏土与水充填模型断续性较大,大量压缩应力波能量被吸收,因此空气充填模型爆炸裂纹绝大多数大于其余两组模型。

充填物与总裂纹平均长度关系如图 2-10 所示。

如图 2-10 所示,不同充填物模型总裂纹平均长度整体上随着距离增加而增大,考虑充填物种类、角度、距离与反射应力波能量的关系,总裂纹均常出现起伏现象。因空气充填模型断续性最小,导致反射应力波能量大于其余两组,对爆炸裂纹延伸作用较强,因此空气充填模型总裂纹平均长度多数大于黏土和水模型;而黏土和水充填模型断续性接近,故该两组模型总裂纹平均长度较接近,从图 2-10 中 45°和 90°中可以明显看出,这表明爆炸裂纹的扩展对模型断续性具有敏感性。

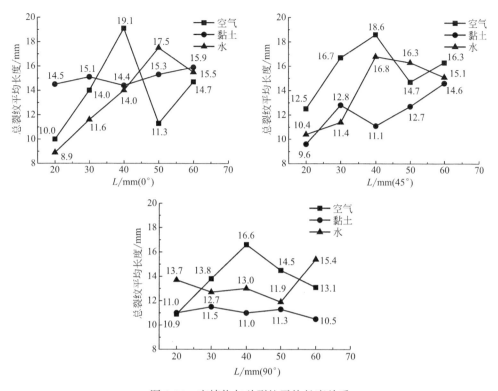

图 2-10 充填物与总裂纹平均长度关系

如图 2-6、图 2-7 和图 2-8 所示,发现 0°组最长裂纹多分布于预制裂隙左端,45°组多分布在其下侧或右下侧,90°组则多分布于其下侧,这表明最长裂纹位于反射回爆源及其附近的应力波传播方向;而充填物通过模型断续性影响反射回爆源的应力波强度,从而影响最长裂纹长度,但对分布位置基本上无影响。

充填物与最长裂纹关系如图 2-11 所示。

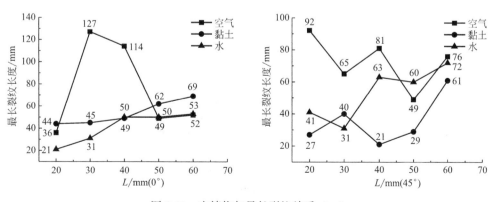

图 2-11 充填物与最长裂纹关系(一)

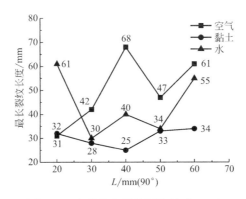

图 2-11　充填物与最长裂纹关系（二）

如图 2-11 所示，总体上三种充填物模型最长裂纹随 L 增大而起伏增长。大多数空气充填模型最长裂纹大于其余两组模型，其原因是其余两组模型断续性较大，更有利于应力波传播，不利于裂纹扩展；黏土充填模型断续性大于水充填模型，使得后者最长裂纹多数大于前者，这与图 2-10 中 45°和 90°结果相符。

3. 角度对裂纹扩展的影响

θ 与裂纹总数的关系如图 2-12 所示。

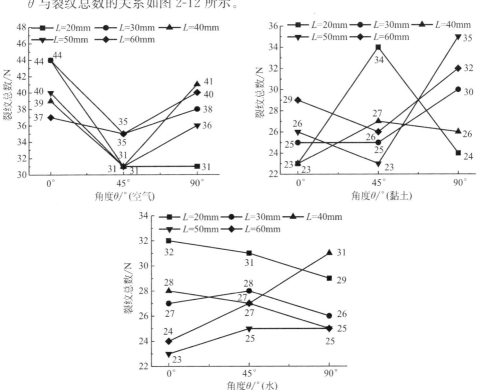

图 2-12　θ 与裂纹总数的关系

如图 2-12 所示，由于 45°比 0°对应力波能量吸收较大，反射应力波多远离爆源传播，θ 为 90°时反射应力波多向爆源传播，故空气充填和其他部分模型总裂纹数随着角度变化呈现先减后增趋势。由于水充填模型断续性较大，反射应力波能量较低，与空气充填模型相比，反而抑制了裂纹扩展，故水充填模型裂纹总数多表现为先增后减。

θ 与总裂纹平均长度的关系如图 2-13 所示。

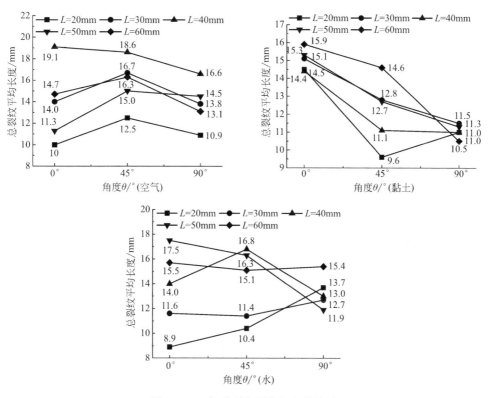

图 2-13 θ 与总裂纹平均长度的关系

如图 2-13 所示，从表面看裂纹总数越多，总裂纹均长越小。实质上预制裂隙方位与充填物才是影响总裂纹均长的关键因素，它们引起反射应力波传播方向与强度不同，造成各模型裂纹存在差异。由于在黏土充填模型中角度大小与被吸收的应力波能量成正比，即角度越大，反射应力波能量越低，因此总裂纹均长大体上随角度增加而下降。

如图 2-14 所示，因角度大小与反射回爆源及其附近应力波能量成正比，故空气充填模型 90°组最长裂纹比 45°组多增长。由于 90°时压缩应力波多被吸收而引起反射应力波能量低，因此 90°最长裂纹相对较短。但因反射应力波传播方向原因，90°比 45°更利于裂纹扩展，故黏土模型中 90°部分最长裂纹长度大于 45°；

而水充填模型中 45°大部分裂纹长于 90°的原因之一是反射、压缩应力波在裂纹尖端出现共同加强作用，因此黏土与水充填模型最长裂纹扩展趋势大部分表现相反，但总体上均随角度增加而下降。

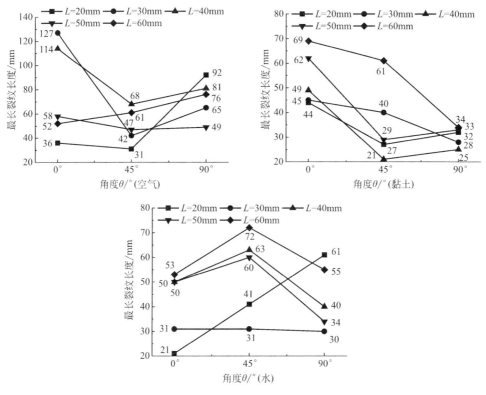

图 2-14　θ 与最长裂纹的关系

4. 翼裂纹分析

雷管爆炸后，应力波分别间接、直接作用在预制裂隙左、右端，引起其端部产生应力集中，若应力大于介质动态起裂强度，翼裂纹则形成。在翼裂纹扩展过程中，压缩、反射应力波作用裂纹尖端引起拉应力，同时因裂纹尖端受力不均引起剪切滑移而产生剪应力，这表明翼裂纹以拉剪方式扩展。当应力低于动态起裂强度时，裂纹止裂。通过爆后有机玻璃观察，发现三组模型 0°时左端上方翼裂纹与 45°、90°的左端翼裂纹扩展形态基本一致，其扩展路径基本上在炮孔中心与预制裂隙左端连线的平行线或延长线上，这与压缩应力波传播方向有关。同时部分左端翼裂纹长度大于右端翼裂纹，这是由于距离 L 较小、右端翼裂纹扩展空间受限制导致的。由于 0°组多出现两条左端翼裂纹，为便于研究，在图 2-15～图 2-18 中数字表示其平均值。

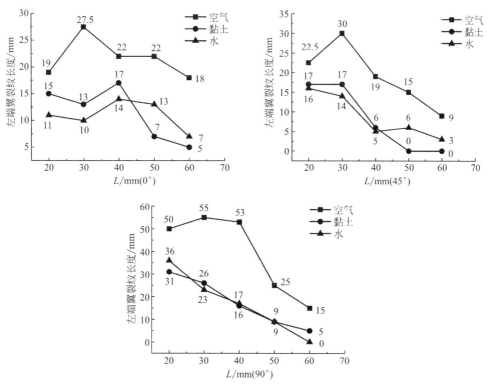

图 2-15 充填物与左端翼裂纹的关系

如图 2-15 所示，全部模型左端翼裂纹长度总体表现为下降趋势，其原因为左端翼裂纹尖端拉剪应力随 L 增加而降低，从而引起其长度减小。由于空气充填模型断续性最小，因此其左端翼裂纹全部大于黏土与水充填模型；而黏土与水充填模型断续性较大且接近，故两者左端翼裂纹长度稍短且相近。

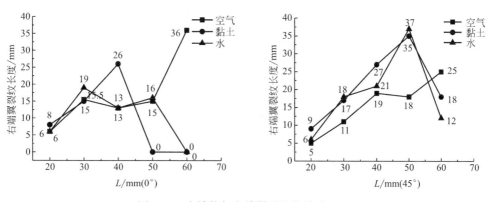

图 2-16 充填物与右端翼裂纹的关系（一）

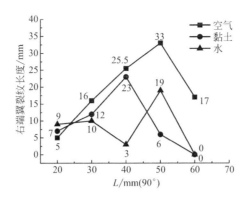

图 2-16 充填物与右端翼裂纹的关系（二）

如图 2-16 所示，多数模型右端翼裂纹表现为先增后减趋势。预制裂隙的存在会阻碍右端翼裂纹扩展，一般随着距离 L 增加，右端翼裂纹增长；而水或黏土充填模型因断续性较大而造成反射应力波能量较低，使得右端翼裂纹延伸作用较小而长度下降，并在与压缩应力波共同作用过程中出现波动现象。

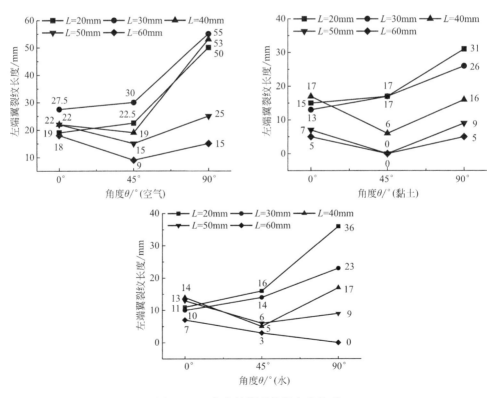

图 2-17　θ 与左端翼裂纹长度的关系

如图2-17所示，角度增加，应力波传播损失能量随爆源至预制裂隙左端距离减小而减小，故 L 为20～30mm时所有模型左端翼裂纹随角度增加增长。当 L 为40～60mm时，左端翼裂纹随角度增加多表现为先减后增趋势。其主要原因包括：L 增大导致应力波传播损失能量增加，黏土和水充填物进一步对压缩应力波能量吸收，90°爆源到预制裂隙左端距离比45°更近引起传播能量损失相对较少。

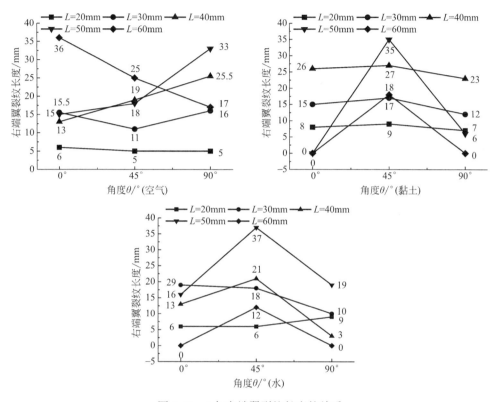

图2-18 θ 与右端翼裂纹长度的关系

如图2-18所示，空气充填模型因角度增加引起反射回爆源的应力波能量增加，故右端翼裂纹多随角度增大而增长。黏土充填模型角度增大引起被吸收的应力波能量增加，45°时压缩、反射应力波处于共同增强作用，因此右端翼裂纹表现为先增后降。水充填模型右端翼裂纹尖端因共同作用处于一种增强与减弱交替状态，使得其长度变化不一。

2.4 本章小结

本章主要研究了应力波在裂隙处传播的过程、岩石破碎机制以及开展裂隙介质爆破试验，结论如下：

（1）在应力波传播方面，通过对应力波介绍、波动方程描述以及应力波在裂隙处传播机理的分析，阐述了应力波与裂隙相互作用关系。叙述了岩石破碎原理与岩石强度准则，加强了对岩石断裂破碎的认识，便于后文对岩石破碎机理的分析；最后简单叙述了裂隙岩体结构面对爆炸作用的影响。

（2）以裂隙中充填物与有机玻璃波阻抗的差值大小衡量模型断续性，两者波阻抗差值越小，模型断续性越大而越利于应力波传播，其爆炸裂纹数量和长度越小，如空气充填模型断续性最小，其爆炸裂纹数量、长度多大于黏土与水充填模型。黏土充填模型断续性稍大于水充填模型，但前者裂纹数量和长度多小于后者，说明爆炸裂纹扩展对模型断续性具有较强敏感性。

（3）翼裂纹是一种复合型裂纹，以拉剪方式扩展；同一角度下左端翼裂纹扩展路径相似性与压缩应力波传播方向有关；空气充填模型左端翼裂纹长度大于黏土与水充填模型左端翼裂纹长度，表明空气充填模型破坏范围大于黏土与水充填模型。

（4）充填物种类、角度和距离与被吸收、反射的应力波能量存在相互制约关系，从而影响爆炸裂纹扩展效果；从断续性与应力波能量观点可以较好解释不同充填物下裂纹扩展现象，揭示了爆炸裂纹扩展一般规律。

第3章

隧道光面爆破理论

光面爆破通常采用不耦合装药,不耦合装药结构理论上为同心不耦合装药,但对于非垂直孔(倾斜孔、水平孔),实际为偏心不耦合装药结构。隧道爆破时,炮孔为水平孔,即隧道光面爆破的不耦合装药实际为偏心不耦合装药结构,且由于边墙孔、顶板孔位置不同,偏心不耦合装药结构爆破能量对围岩和光爆层的作用是不同的,因此开展偏心不耦合装药结构的光面爆破研究是有价值的。

3.1 边墙孔偏心不耦合装药爆破裂纹扩展规律研究

3.1.1 边墙孔偏心不耦合装药爆破孔壁压力计算

应力波在岩石爆破破碎过程中起着重要作用,岩石性质与应力波大小决定了岩石的破坏效果。偏心不耦合装药结构如图 3-1 所示,药卷在 C 点紧贴于炮孔(即药包与炮孔壁耦合于 C 点);M 点为炮孔壁上除了 C 点的任意一点,而 M 点处孔壁与药卷之间存在一定间隙,即相当于不耦合装药。

偏心不耦合装药炮孔之间爆破应力波传播规律非常复杂,爆破应力波不仅受到爆破相邻孔和自由面的导向作用影响,而且产生

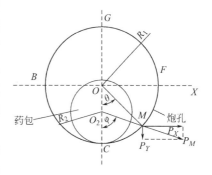

图 3-1 偏心不耦合装药结构示意图

的裂纹对后续应力波具有衰减作用。因此为了计算简便,本文忽略自由面和后续波的衰减作用,借鉴同心不耦合装药爆破理论研究偏心不耦合装药爆破规律。

同心不耦合装药爆破的装药不耦合系数为炮孔半径 R_1 与药卷半径 R_2 之比,即 $K = \dfrac{R_1}{R_2}$;因此可以定义偏心不耦合装药 M 点等效装药不耦合系数等于该点到药卷中心的距离与药卷半径之比:

$$K_M = \frac{R_{MO_2}}{R_2} \tag{3-1}$$

式中 K_M——孔壁任意一点 M 的等效装药不耦合系数；

R_{MO_2}——孔壁任意一点 M 到 O_2 的距离；

R_2——药卷半径。

根据图 3-1，通过几何变换，式（3-1）可变换为：

$$K_M = \frac{R_{MO_2}}{R_2} = \frac{\sqrt{(R_1\sin\theta)^2+(R_1\cos\theta - R_1 + R_2)^2}}{R_2} \tag{3-2}$$

式中 R_1——炮孔半径；

θ——直线 OM（M 点和炮孔中心连线）与直线 OO_2（药卷中心与炮孔中心连线）的夹角。

同心不耦合装药爆破的孔壁压力计算公式为：

$$P_0 = \frac{1}{8}\rho_0 D^2 n (K)^{-6} \tag{3-3}$$

式中 ρ_0——炸药密度；

D——炸药爆速；

n——炮孔内爆炸产物碰撞炮孔壁时的压力增大系数，$n = 8 \sim 11$。

将式（3-2）代入式（3-3），可得偏心不耦合装药爆破孔壁除了 C 点的任意一点 M 的压力计算公式：

$$P_M = \frac{1}{8}\rho_0 D^2 n \left(\frac{R_{MO_2}}{R_2}\right)^{-6} = \frac{1}{8}\rho_0 D^2 n \left(\frac{\sqrt{(R_1\sin\theta)^2+(R_1\cos\theta-R_1+R_2)^2}}{R_2}\right)^{-6} \tag{3-4}$$

由图 3-1 和式（3-4）可知，偏心不耦合装药爆破过程中，在圆弧 CBG 上，由 C 点到 G 点，随着不耦合系数增大，作用于孔壁的压力峰值呈指数减小。

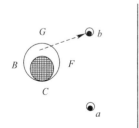

图 3-2 边墙孔偏心不耦合装药示意图

边墙孔偏心不耦合装药结构与炮孔布置如图 3-2 所示。

边墙孔爆破时，要形成孔间贯穿裂纹，则希望最先起裂点为 C 点和 G 点，G 点为不耦合装药结构，其压力用式（3-5）计算，式（3-5）由式（3-4）几何变换得到。C 点可视为耦合装药，其孔壁压力用耦合装药孔壁压力公式（3-6）计算：

$$P_G = \frac{1}{8}\rho_0 D^2 n \left(\frac{2R_1 - R_2}{R_2}\right)^{-6} \tag{3-5}$$

$$P_C = \frac{1}{4}\rho_0 D^2 \frac{2}{1+\dfrac{\rho_0 D}{\rho_m c_p}} \tag{3-6}$$

式中 ρ_m——岩石初始密度；

c_p——岩石纵波波速。

3.1.2 边墙孔偏心不耦合装药爆破孔间距的计算

为了形成平整光滑的轮廓面，周边孔爆破要求相邻的炮孔之间能够形成贯通裂纹。如图 3-3 所示，设两相邻炮孔为 a、b，光面爆破要求周边孔同时起爆，使应力波达到最充分叠加，利于孔间裂纹的形成和贯通。

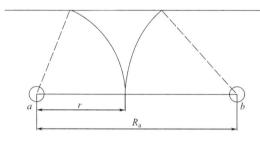

图 3-3 相邻炮孔相互作用

为简化计算，假设雷管起爆时间的差异较小。a 孔与 b 孔起爆时间差小于应力波在孔间传播时间，此时应力波将在两孔连心线上相交、叠加。

光面爆破常用不耦合装药，可以认为岩石中传播的是弹性应力波，而没有冲击波。设作用在炮孔壁上的孔壁压力为 P_0，则在相邻炮孔连线中心点上产生的任一点的拉应力：

$$\sigma_r = -P_0 \left(\frac{r}{R_1}\right)^{-a} \tag{3-7}$$

$$\sigma_\theta = -\frac{\mu}{1-\mu}\sigma_r \tag{3-8}$$

式中　r——岩石中应力计算点到炮孔中心的距离；

α——应力波的距离衰减指数，$\alpha = 2 - \frac{\mu}{1-\mu}$；

μ——岩石的泊松比。

光面爆破理论认为，炮孔间贯通裂纹的形成是炮孔中心连线上的切向拉应力引起的。如图 3-3 所示，假定炮孔 a 先起爆，则在相邻炮孔连线上任意一点的合成切向拉应力 $\sigma_\theta(r)$ 为：

$$\sigma_\theta(r) = \sigma_{\theta_a}(r) + \sigma_{\theta_b}(r) = P_{0_a}\left(\frac{\mu}{1-\mu}\right)\left(\frac{r}{r_1}\right)^{-a} + P_{0_b}\left(\frac{\mu}{1-\mu}\right)\left(\frac{R_a-r}{r_2}\right)^{-a} \tag{3-9}$$

式中　σ_{θ_a}、σ_{θ_b}——分别为炮孔 a、炮孔 b 在相邻炮孔连线上引起的切向拉应力；

R_a——炮孔间距。

一般认为：裂纹首先在炮孔壁产生，而后扩展和延伸，当岩石中拉伸应力小于岩石的动态抗拉强度时，裂纹止裂。因此只要炮孔间连线上每一点的切向拉应力均大于或等于岩石的动态抗拉强度，则相邻炮孔之间必然形成贯穿裂纹，于是，能够形成孔间贯通裂纹的条件为：

$$\min\{\max(\sigma_{\theta_a}(r), \sigma_{\theta_b}(r), \sigma_\theta(r))\} \geqslant \sigma_t \tag{3-10}$$

式中　σ_t——岩石的动态抗拉强度。

这里指出：就相邻炮孔连线上的某一点而言，由于爆源起爆时间差的存在，$\sigma_{\theta_a}(r)$、$\sigma_{\theta_b}(r)$、$\sigma_\theta(r)$ 的作用可能是非同时的。

如图 3-3 所示，为形成贯穿裂纹，在相邻炮孔连线中心上产生的拉应力应等于岩石的抗拉强度。边墙孔由于两孔偏心位置的不同，a 孔与 b 孔的等效炮孔壁压力分别为：

$$P_a = P_G = \frac{1}{8}\rho_0 D^2 n \left(\frac{2R_1 - R_2}{R_2}\right)^{-6} \tag{3-11}$$

$$P_b = P_C = \frac{1}{4}\rho_0 D^2 \frac{2}{1 + \frac{\rho_0 D}{\rho_m c_p}} \tag{3-12}$$

根据应力波干涉理论，当炮孔连心线中点处（即 $r = \frac{R_a}{2}$）合成切向拉应力大于或等于介质极限抗拉强度时，则形成贯通裂纹，由式（3-9）可得炮孔连心线中心点切向拉应力合力为：

$$\sigma_\theta(r) = \sigma_{\theta_a} + \sigma_{\theta_b} = \left(\frac{\mu}{1-\mu}\right)\frac{(P_a + P_b)}{\left(\frac{R_a}{2R_1}\right)^\alpha} \tag{3-13}$$

将式（3-11）、式（3-12）代入式（3-13）中，可得：

$$\sigma_\theta(r) = \left(\frac{\mu}{1-\mu}\right)\frac{\frac{1}{8}\rho_0 D^2 n \left(\frac{2R_1 - R_2}{R_2}\right)^{-6} + \frac{1}{4}\rho_0 D^2 \frac{2}{1 + \frac{\rho_0 D}{\rho_m c_p}}}{\left(\frac{R_a}{2R_1}\right)^\alpha} \tag{3-14}$$

当两孔连心线中点的合成切向拉应力等于岩石动态抗拉强度 σ_t 时，两孔形成贯穿裂纹，将 $\sigma_\theta = \sigma_t$ 带入式（3-14）并通过代数变换可得：

$$R_a = 2\left\{\left(\frac{\mu}{1-\mu}\right)\frac{\left[\frac{1}{8}\rho_0 D^2 n \left(\frac{2R_1 - R_2}{R_2}\right)^{-6} + \frac{1}{4}\rho_0 D^2 \frac{2}{1 + \frac{\rho_0 D}{\rho_m c_p}}\right]}{\sigma_t}\right\}^{\frac{1}{\alpha}} R_1 \tag{3-15}$$

以 8 号电雷管为爆源、有机玻璃为爆破介质为例进行计算：雷管爆速 $D = 4300\text{m/s}$，$\mu = 0.37$，密度 $\rho_0 = 1.15\text{g/cm}^3$，$\alpha = 1.41$；有机玻璃参数为：$c_p = 2730\text{m/s}$，$\rho_m = 1.2\text{g/cm}^3$，$\sigma_t = 55\text{MPa}$，增大系数 $n = 10$。

将参数带入式（3-15），以不耦合系数为变量进行计算可得边墙孔最大贯穿孔间距，见表 3-1。

边墙孔孔间距　　　　　　　　　　　　表 3-1

不耦合系数 k	孔径 R_1(mm)	孔间距(mm)
1.00	6.80	166.04
1.17	8.00	93.27
1.32	9.00	76.08
1.47	10.00	71.15
1.62	11.00	69.47
1.76	12.00	68.81
1.91	13.00	68.52
2.06	14.00	68.39

3.2　顶板孔偏心不耦合装药爆破裂纹扩展规律研究

3.2.1　顶板孔偏心不耦合装药爆破孔壁压力计算

顶板孔偏心不耦合装药结构与炮孔布置如图 3-4 所示。

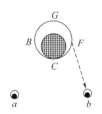

自由面

图 3-4　顶板孔偏心不耦合装药结构与炮孔布置

如图 3-1 所示，将 M 点的孔壁压力 P_M 分别向水平方向和垂直方向进行分解，M 点为炮孔壁上除了 C 点的任意一点。

通过几何关系，可知顶板孔 M 点水平方向分压力 P_X 为：

$$P_X = \frac{R_1}{\sqrt{(R_1\sin\theta)^2 + (R_1\cos\theta - R_1 + R_2)^2}} \sin\theta P_M \tag{3-16}$$

将 M 点孔壁压力式（3-4）代入式（3-16），可得：

$$P_X = \frac{R_1}{\sqrt{(R_1\sin\theta)^2 + (R_1\cos\theta - R_1 + R_2)^2}} \sin\theta \frac{1}{8}\rho_0$$
$$D^2 n \left[\frac{\sqrt{(R_1\sin\theta)^2 + (R_1\cos\theta - R_1 + R_2)^2}}{R_2}\right]^{-6} \tag{3-17}$$

式中，θ 的取值范围为 $0°\sim180°$。式（3-17）对 θ 进行求导，可得出 P_X 在 $\theta = \arccos\theta \dfrac{R_1^2 + (R_2 - R_1)^2 - \sqrt{R_1^2 + (R_2 - R_1)^2 + 140(R_2 - R_1)^2 R_1^2}}{10R_1(R_2 - R_1)}$ 时取得最大值。

3.2.2 顶板孔偏心不耦合装药爆破孔间距的计算

相邻两孔药包同时起爆，各自产生的应力波沿炮孔连心线相向传播，并在孔壁及炮孔连心线方向产生叠加，当炮孔连心线中点处合成切向拉应力大于岩石极限抗拉强度时，则形成贯通裂纹。

设作用在炮孔壁上的孔壁压力为 P_0，则在相邻炮孔连心线中点上产生的最大切向拉应力为：

$$\sigma_\theta = \frac{2\left(\dfrac{\mu}{1-\mu}\right)P_0}{\left(\dfrac{r}{r_1}\right)^a} \tag{3-18}$$

当两孔连线中点（即 $r = \dfrac{R_a}{2}$）的合成切向拉应力等于岩石动态抗拉强度时，孔间形成贯穿裂纹。

将 $\sigma_\theta = \sigma_t$，$r = \dfrac{R_a}{2}$ 代入式（3-18），并经过代数变换可得出炮孔间距：

$$R_a = 2r = \left[\frac{2\left(\dfrac{\mu}{1-\mu}\right)P_0}{\sigma_t}\right]^{\frac{1}{a}} r_1 \tag{3-19}$$

此时孔壁上点 M 孔壁压力 P_M 在水平方向上的分压力的最大值 P_X 视为等效炮孔壁压力，将其代入式（3-19）：

$$R_a = 2\left\{\frac{\left(\dfrac{\mu}{1-\mu}\right)\rho_0 D^2 n R_2 R_1 \sin\theta}{4\sigma_t\left[(R_1\sin\theta)^2 + (R_1\cos\theta - R_1 + R_2)^2\right]^{\frac{7}{2}}}\right\}^{\frac{1}{a}} r_1 \tag{3-20}$$

将雷管与有机玻璃参数代入式（3-20），以不耦合系数为变量进行计算可得顶板孔最大贯穿孔间距的结果，见表3-2。

顶板孔孔间距　　　　　　　　　　表3-2

不耦合系数K	孔径R_1(mm)	$\cos\theta$	$\sin\theta$	角度θ(°)	孔间距(mm)
1.00	6.8	0.00	1.00	90.00	166.04
1.17	8.00	0.62	0.78	51.48	116.84
1.32	9.00	0.80	0.60	36.71	94.52
1.47	10.00	0.87	0.49	29.03	85.45
1.62	11.00	0.91	0.41	24.20	84.42
1.76	12.00	0.93	0.36	20.84	80.79
1.91	13.00	0.95	0.31	18.34	78.12
2.06	14.00	0.96	0.28	16.40	76.08

3.2.3　同心不耦合装药爆破孔间距的计算

将孔壁压力P_0代入炮孔连心线中心点拉应力公式（3-18）中：

$$\sigma_\theta = \frac{2\left(\dfrac{\mu}{1-\mu}\right)\dfrac{1}{8}\rho_0 D^2 n\left(\dfrac{R_1}{R_2}\right)^{-6}}{\left(\dfrac{r}{r_1}\right)^a} \tag{3-21}$$

当两孔连线中点（即$r=\dfrac{R_a}{2}$）的合成切向拉应力等于岩石动态抗拉强度时，孔间形成贯穿裂纹。

将$\sigma_\theta=\sigma_t$、$r=\dfrac{R_a}{2}$代入式（3-22）可得出炮孔间距：

$$R_a = 2r = 2\left[\frac{2\left(\dfrac{\mu}{1-\mu}\right)\dfrac{1}{8}\rho_0 D^2 n\left(\dfrac{R_1}{R_2}\right)^{-6}}{\sigma_t}\right]^{\frac{1}{a}} R_1 \tag{3-22}$$

将雷管与有机玻璃参数代入式（3-22），以不耦合系数为变量进行计算可得同心最大贯穿孔间距的结果，见表3-3。

同心不耦合装药孔间距　　　　　　　　　表3-3

不耦合系数K	孔径R_1(mm)	孔间距(mm)
1.00	6.8	166.04
1.17	8.00	107.52
1.32	9.00	73.28
1.47	10.00	52.00
1.62	11.00	38.13

续表

不耦合系数 K	孔径 R_1(mm)	孔间距(mm)
1.76	12.00	28.73
1.91	13.00	22.14
2.06	14.00	17.39

3.3 偏心不耦合装药和同心不耦合装药孔间距对比

由表 3-1～表 3-3 绘制不同不耦合系数与能够产生贯穿裂纹的最大孔间距关系曲线，如图 3-5 所示。

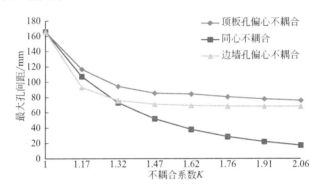

图 3-5　不耦合系数与能够产生贯穿裂纹的最大孔间距关系曲线

由图 3-5 可知，在药卷半径不变的情况下，不耦合系数越大，孔间距 R_a 越小。边墙孔偏心不耦合系数大于 2.06 时，最大孔间距几乎保持不变，这是因为边墙孔在偏心不耦合装药条件下，一孔偏心于另一孔，如图 3-1 所示，C 点相当于耦合装药，因此无论 K 取值多大，只要 R_a 小于阈值（C 点爆破产生的最长裂纹长度），就一定会形成贯穿裂纹。

顶板孔偏心不耦合装药爆破能够形成贯穿裂纹的最大孔间距要大于同心不耦合装药爆破能够形成贯穿裂纹的最大孔间距，这是因为顶板孔在偏心不耦合装药结构下，裂纹的起裂位置偏离两孔的连心线，导致其等效的不耦合系数要小于同心不耦合装药，最终使得能够贯穿的裂纹长度增大。

3.4 本章小结

本章首先对不同位置周边孔偏心不耦合装药爆破孔壁压力进行了理论计算，

分析了爆破应力场的分布规律。通过对孔壁压力的分析表明，随着孔壁和药卷中心距离的增大，孔壁受到的压力成指数迅速减小，且以炮孔中心和药卷中心的连线对称分布。本章还探讨了两孔同时起爆在两孔之间的传播规律，建立了不同装药不耦合系数炮孔间距计算方法。

第 4 章

隧道光面护壁爆破理论

从 20 世纪 50 年代以来，出现了光面爆破和定向断裂爆破等控制爆破技术，后来肖正学等在光面爆破基础上提出了护壁爆破技术。本章考虑在完整岩体条件下（不存在裂隙、空洞等缺陷），首先从爆破机理方面入手，对比分析光面护壁爆破和光面爆破的优缺点，逐步分析装药结构、不耦合系数对爆破效果的影响，验证最优组合以便于为后续裂隙岩体光面护壁爆破研究提供基础。

本章以单层光面护壁爆破为例，进行隧道光面护壁爆破理论与试验研究。

4.1 光面护壁爆破作用过程

4.1.1 光面护壁爆破作用过程分析

光面护壁爆破技术主要应用于对一侧岩体需要保护、一侧岩体需要充分破碎的轮廓面开挖爆破工程，如隧道周边孔爆破工程。

光面护壁爆破技术的实质是在隧道围岩侧的药柱外侧安装一层或多层一定密度和强度的护壁套管，如塑料管、金属管或竹片，如图 4-1 所示。

当炸药爆炸时，在围岩侧，爆炸产物首先作用在护壁套管上，护壁套管对爆炸能量起到阻隔和反射作用，从而降低爆炸能量对围岩的破坏和损伤作用；在光爆层侧，爆炸产物直接作用在孔壁岩体上，有利于充分利用爆炸能量破碎光爆层岩体，即护壁爆破能够实现充分保护围岩和破碎光爆层岩体的目的。同时，轮廓面方向即护壁套管的两端点处，围岩侧和光爆层侧由于护壁套管对能量的影响，必然形成很大的应力差，这个应力差值能够大大增强开裂作用，有利于在轮廓面方向形成较长较宽的主裂纹，进而有利于在轮廓面方向形成平整光滑的开裂面且达到使光爆层岩体分离和破碎的目的，如图 4-2 所示。

图 4-1 光面护壁爆破装药结构立体图

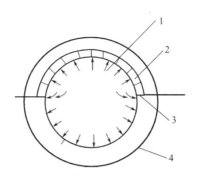

图 4-2 爆生气体运动示意图
1—爆生气体；2—护壁外壳；3—端点；4—孔壁

4.1.2 光面护壁爆破护壁套管力学作用分析

1. 隧道围岩侧

1）爆轰波作用下护壁管的作用分析

当爆炸应力波通过护壁套管传递至炮孔壁时，炮孔壁产生的拉应力大小表示为：

$$\sigma_{\theta\max}=\pm P\left(\frac{r_b}{r_b+n\delta}\right)^{2-\frac{\mu}{1-\mu}} \tag{4-1}$$

式中 r_b——护壁管内半径（mm）；

μ——护壁管泊松比；

n——护壁管层数；

δ——护壁管厚度（mm）；

P——光面爆破（无护壁管时）时作用在孔壁上的初始径向应力值。

由此可知，由于半圆套管的存在，作用于孔壁的应力波峰值被显著削弱，且套管越厚，泊松比越大，孔壁的应力波峰值越小，对岩体的保护效果越好。如果护壁套管波阻抗与岩石波阻抗不同，且护壁套管与孔壁岩体间存在间隙，则炸药爆炸在半圆套管中激发的应力波，传播到孔壁岩石时将产生反射作用，只有部分能量透射到岩体中，对岩体保护作用更有利。

2）爆生气体作用下护壁管的作用

炮孔内护壁侧的护壁套管外壁和炮孔壁在爆炸应力作用下可近似看作一个整体，应用厚壁管理论，令外径处于无穷大，近似计算护壁套管和孔壁介质处应力：

$$\sigma_{r(\theta)}=\frac{P_0 r_b^2}{r_r^2-r_b^2}\left(1\pm\frac{r_r^2}{r^2}\right) \tag{4-2}$$

式中 r——厚壁管外半径（mm）；

P_0——光面爆破（无护壁管时）时作用在孔壁上的准静态压力。

由于外径 r_r 为无穷大，式（4-2）可以进一步进行简化，其表达式为：

$$\sigma_{r(\theta)} = \pm \frac{P_0 r_b^2}{r^2} \qquad (4\text{-}3)$$

由式（4-3）可以得出径向压应力与切向拉应力的绝对值相同，符号相反。

若 $r = r_b + n\delta$ 时，可得护壁爆破时，与护壁套管接触的孔壁准静态应力可以表达为：

$$\sigma_{r(\theta)} = \pm \frac{P_0 r_b^2}{(r_b + n\delta)^2} \qquad (4\text{-}4)$$

由式（4-4）可知，在其他条件不变时（不耦合系数、护壁管、护壁层数等），护壁套管的存在可以降低孔壁承受的准静态应力，且护壁管越厚或层数越多，都将导致孔壁应力急速衰减，因此护壁套管可充分减少围岩侧的岩石损伤破坏。

2. 光爆层侧

1）爆轰波作用

炮孔内无护壁套管侧即光爆层侧，爆破产物直接作用于孔壁，相当于光面爆破，此时，光爆层侧孔壁受到的最大拉应力峰值与压应力为：

$$\sigma_{\theta\max} = b_{\sigma\max} \approx P \qquad (4\text{-}5)$$

2）爆生气体作用

爆生气体直接作用于孔壁，容易沿着岩体内天然的细小微裂缝以及爆轰波冲击形成的次生裂纹快速扩展，增大了岩体的损伤程度。

孔壁受到准静态应力为：

$$\sigma_{r(\theta)} = P_1 \qquad (4\text{-}6)$$

光爆层侧，爆炸气体直接作用于孔壁，还容易产生"气楔"作用，增加爆破损伤程度。

4.2 基于冲击试验的护壁套管护壁效果试验

为了验证护壁（套管）材料对动态冲击作用的防护效果，利用直径100mm的SHPB试验装置和轻气炮试验装置对有、无防护（套管）材料的岩石进行冲击试验。从岩石试件宏观破坏、应力波传播规律和能量变化三个方面分析护壁（套管）材料对岩石损伤破坏的防护效果。

4.2.1 隧道围岩冲击损伤防护的SHPB冲击试验

利用SHPB试验装置进行围岩冲击损伤防护试验，在试件的冲击端粘贴不同厚度的 PVC-U 材料（材料和实际爆破中所用材料一致）作为岩石的防护层。利用霍普金森的冲击杆提供能量模拟炸药爆炸产生的能量，PVC-U 作为防护层材料，岩石试件模拟隧道围岩。

1. 围岩冲击损伤防护的 SHPB 试验设计

1）SHPB 试验装置

SHPB 试验装置主要由压缩空气动力系统、荷载产生与传递系统、测速系统、应变测量等系统组成。本试验采用直径 100mm 的 SHPB 试验装置，输入和输出杆长度分别为 4500mm 和 2500mm。为减小输入杆和输出杆弯曲变形对测试结果的影响，分别在输入杆和输出杆距试件 2000mm 和 800mm 处两侧对称粘贴应变片进行测试；为减小波形的弥散，采用一定厚度的硬纸片作为波形整形器。SHPB 试验装置如图 4-3 所示。

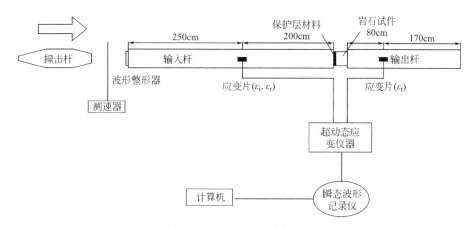

图 4-3　100mm SHPB 试验装置

2）SHPB 试验原理

SHPB 试验是建立在一维假定和均匀假设基础上。根据超动态应变测试系统所测得的入射波 $\varepsilon_i(t)$、反射波 $\varepsilon_r(t)$ 和透射波 $\varepsilon_t(t)$，利用一维应力波理论计算试件的应力 $\sigma_{specimen}(t)$，应变 $\varepsilon_{specimen}(t)$ 和应变率 $\dot{\varepsilon}_{specimen}(t)$。

假设试验中满足 $\varepsilon_i(t)+\varepsilon_r(t)=\varepsilon_t(t)$，则有：

$$\left.\begin{aligned}\sigma_{specimen}(t) &= \frac{A}{A_0}E \cdot \varepsilon_t \\ \varepsilon_{specimen}(t) &= -\frac{2C}{l_0}\int_0^t \varepsilon_r \mathrm{d}t \\ \dot{\varepsilon}_{specimen}(t) &= -\frac{2C}{l_0}\varepsilon_r\end{aligned}\right\} \quad (4\text{-}7)$$

式中 C——压杆的一维纵波速度；

E——压杆的弹性模量；

A——压杆的直径；

l_0——试件的厚度；

A_0——试件的直径。

SHPB试验中，可根据入射波、反射波和透射波应力计算各自携带的能量：

$$\left. \begin{array}{l} W_i = \dfrac{A}{\rho C} \displaystyle\int_0^t \sigma_i^2(t)\,dt \\[6pt] W_r = \dfrac{A}{\rho C} \displaystyle\int_0^t \sigma_r^2(t)\,dt \\[6pt] W_t = \dfrac{A}{\rho C} \displaystyle\int_0^t \sigma_t^2(t)\,dt \end{array} \right\} \qquad (4\text{-}8)$$

根据式（4-8），试件中的能量耗散为：

$$W_{dc} = W_i - (W_r + W_t) \qquad (4\text{-}9)$$

式中 ρ——压杆的密度；

W_i——入射波携带的能量；

W_r——反射波携带的能量；

W_t——透射波携带的能量；

W_{dc}——试件消耗的能量。

3）试验试件

为保证所有试件力学性质基本一致，试件是由一块较大的岩石分割而成，试件直径90mm，厚度45mm，其参数见表4-1；防护材料由不同厚度、不同直径的PVC-U管制做成与试件直径一样的圆形板，其参数见表4-1。

试验材料参数　　　　　　　　　　　　　　表4-1

材料名称	密度（×10³kg/m³）	抗压强度（MPa）	纵波速度（m/s）	弹性模量（GPa）	泊松比
岩石	2.75	112	5160	23	0.30
PVC-U	1.42	66	1939	10	0.20

2. 试验结果与分析

利用SHPB装置对加有不同厚度防护材料的岩石试件进行冲击损伤试验。图4-4为典型的输入杆和输出杆的应力波形图。从图4-4中可知，入射波、反射波和透射波的波形均较稳定且弥散小，满足试验要求。试验结果见表4-2。

第 4 章 隧道光面护壁爆破理论

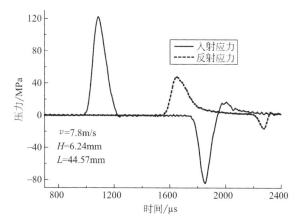

图 4-4 典型的输入杆和输出杆的应力波形

试验数据　　　　　表 4-2

试件编号	PVC-U 厚度 (mm)	冲击速度 (m/s)	入射应力峰值 (MPa)	岩石应力峰值 (MPa)	耗散能/入射能 (%)
8	0	7.7	111.8	68.3	61.08
10	2.01	7.7	114.2	60.6	53.05
1	2.01	7.9	108.0	56.8	52.58
16	3.12	7.7	105.5	55.9	52.95
15	4.32	7.7	87.6	41.6	47.51
3	4.32	7.8	109.6	51.3	46.84
14	6.24	7.8	120.3	48.1	39.99
13	6.24	7.8	113.6	51.4	45.26

1) 试件宏观破坏分析

试验后的岩石试件宏观破坏情况如图 4-5 所示。

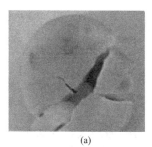
(a)

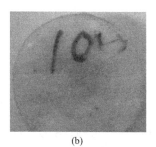
(b)

图 4-5 岩石试件宏观破坏图 （一）
(a) $d=0$mm；(b) $d=2.01$mm

 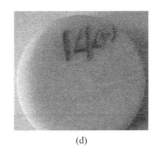

(c)　　　　　　　　　　(d)

图 4-5　岩石试件宏观破坏图（二）

(c) $d=4.32$mm；(d) $d=6.24$mm

从图 4-5 可知，有防护材料的试件有开裂现象，但试件未解体，无防护材料的试件完全解体，破碎成多个块体，说明有防护材料试件破坏程度均小于无防护材料试件，且随着防护材料厚度增加破坏程度降低。原因是应力波通过一定厚度、波阻抗小的防护材料（PVC-U）后，应力波衰减，作用于岩石试件上的能量减少，进而对岩石试件的破坏也减小。可见，在冲击荷载作用下，防护材料能够对试件的冲击破坏起到一定防护作用。

2）应力变化规律

图 4-6 为不同防护层厚度下岩石的应力时程曲线，图 4-7 为防护层厚度与应力峰值关系曲线。

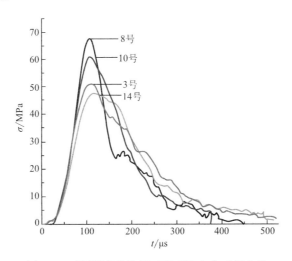

图 4-6　不同厚度防护层下岩石的应力时程曲线

从图 4-6 和图 4-7 可知，8 号试件的应力峰值最大，其次是 10 号试件、3 号试件，最小的是 14 号试件，总体是随着防护材料厚度的不断增加，岩石试件的应力峰值的大小呈先快后慢的趋势降低。

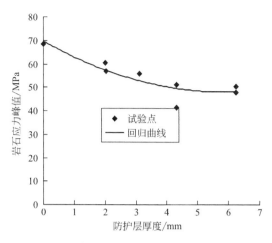

图 4-7 防护层厚度与应力峰值关系曲线

为进一步分析防护层厚度与岩石应力峰值变化程度的关系。现以无防护材料的试件的应力峰值为基础，探讨不同厚度防护层下岩石应力峰值的变化程度。图 4-8 为防护层厚度与岩石应力峰值降低率关系曲线。

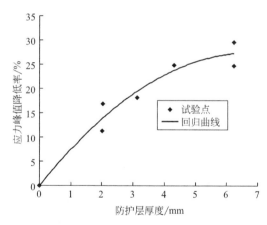

图 4-8 防护层厚度与岩石应力峰值降低率关系曲线

从图 4-8 可知，随着防护层厚度的不断增加，应力峰值降低率呈先快后慢的趋势增加。说明单位厚度的防护层起到的防护作用呈先大后小的变化规律。防护层 6.24mm 时，应力峰值降低率最大，为 29.57%。

3) 能量变化规律

岩石损伤破坏发展一般分为裂纹的闭合、成核、萌生、扩展和贯通几个阶段，每一阶段均要从外部吸收能量，且能量耗散不可逆。说明岩石内部损伤破坏特征与能量耗散关系密切，可见，作用于岩石的外部能量是产生岩石内部损伤破坏的直接原因。

图 4-9 为不同防护层厚度时岩石试件耗散能量与入射波能量比值（η_1）变化曲线，随着防护层厚度不断增加，耗散能与入射能比值不断减小，且减小的趋势是先快后慢。

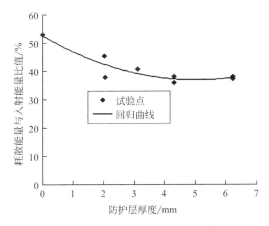

图 4-9　防护层厚度与 η_1 的关系曲线

在不考虑其他能量损失的情况下，能量的耗散主要由以下两部分组成：

$$W_{ak} = W_p + W_s \tag{4-10}$$

式中　W_p——防护材料中耗散能量；

　　　W_s——岩石试件中耗散能量。

在防护层中消耗的能量 W_p 是随着防护层厚度地增加而增加。岩石试件中消耗的能量 W_s 越少，岩石试件损伤破坏程度就越小。

从图 4-9 可知，假设在相同入射能量作用下，随着防护层厚度增加，总能量的耗散不断减小，从式（4-10）可知，防护材料中耗散的能量因防护层厚度增加而不断增加，由此可知，岩石试件中耗散的能量不断减小，说明总能量中用于岩石试件损伤破坏的能量随着防护层厚度的增加不断减少，从而体现出防护材料能对岩石试件的损伤破坏起到一定的防护作用，这与岩石试件宏观破坏规律、应力变化规律基本一致。

通过 SHPB 试验，从岩石试件宏观破坏、应力波传播规律和能量变化情况可知，防护层材料对岩石试件损伤破坏具有一定的防护作用。该试验也验证了在隧道爆破过程中，利用具有一定厚度 PVC-U 作为防护层材料，能够对隧道围岩的损伤破坏起到保护作用。

4.2.2　隧道围岩冲击损伤防护的轻气炮冲击试验

1. 试验设计

1）一级轻气炮试验装置

直径 57mm 一级轻气炮由炮主体、靶室、气体加注系统、抽真空系统、液压驱动系统、电路控制系统和测试系统等多个子系统组成，如图4-10所示。

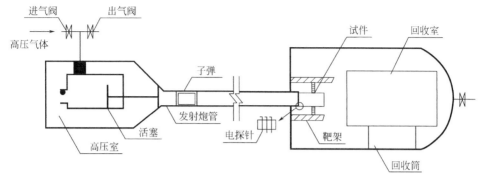

图4-10 轻气炮装置示意图

试验时将飞片粘贴于弹丸上，通过高压气体突然释放推动弹丸沿真空炮管运动。当高速运动的弹丸碰撞试件（靶板）时，产生一个较高的压应力脉冲，利用压力计记录压应力信号，根据压应力变化分析试件动态响应特性及损伤机制。飞片速度测试系统采用同轴探针法，采用内触发。应力信号经锰铜应力计放大后由TDS540数字示波器记录，然后进入计算机进行分析处理。

2）试验样品

岩石样品为大理岩，保护材料是由不同厚度、不同直径的PVC-U管制成，其直径与岩石试件一致；飞片是由硬铝LY12制作成直径为40mm、厚度为4mm的圆形板；材料物理力学参数见表4-3～表4-5。

岩石物理力学参数　　　　　　　　　　　　　　　　　表4-3

材料名称	密度($10^3 kg/m^3$)	抗压强度(MPa)	纵波速度(m/s)	泊松比
大理石	2.75	112	5160	0.25

防护材料（PVC-U）物理力学参数　　　　　　　　　　表4-4

材料名称	密度($10^3 kg/m^3$)	纵波速度(m/s)	抗拉强度(MPa)	抗压强度(MPa)
PVC-U	1.42	1939	50～55	66

飞片物理力学参数　　　　　　　　　　　　　　　　　表4-5

材料名称	密度($10^3 kg/m^3$)	纵波速度(m/s)	弹性模量(GPa)	泊松比
硬铝	2.8	5330	70	0.33

试验均采用非对称碰撞。试验靶体主要由岩石、传感器和保护层材料组成。试样由3块厚为20mm、直径为60mm的大理石试块通过环氧树脂粘结而成，锰铜应力计安装如图4-11所示。

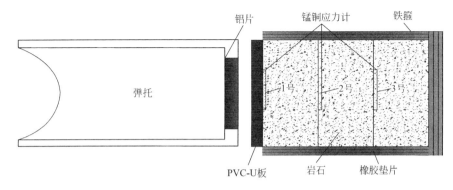

图 4-11　试验试样示意图

2. 轻气炮试验结果与分析

本次共进行了 6 次试验（含压力测试），并都采集到有效数据，因本书主要研究防护层对冲击波的衰减作用，故只给出了第一个传感器上的值。典型应力时程曲线如图 4-12 所示，试验数据见表 4-6。

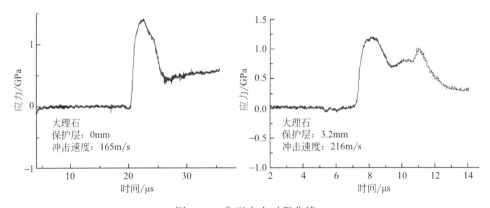

图 4-12　典型应力时程曲线

试验数据　　　　　　　　　　　　　　　表 4-6

试验编号	保护层厚(mm)	飞片速度(m/s)	应力(GPa)
1	0	165	1.49
2	2	308	2.21
3	3.2	216	1.18
4	3.2	230	1.16
5	4	166	0.529
6	4.7	180	0.71

因难以保证各次试验飞片速度一致，为对比分析不同厚度防护材料对岩石试件的防护效果，根据阻抗匹配原理，将试样表面应力峰值换算成飞片速度为

165m/s时的应力峰值,并得到了不同保护层厚度时应力峰值相对于无保护层时的降低率,结果见表4-7。

等效后岩石表面应力峰值   表 4-7

试验编号	保护层厚(mm)	速度(m/s)	应力(GPa)	降低率(%)
1	0	165	1.49	0
2	2	165	1.18	20.8
3	3.2	165	0.90	39.6
4	3.2	165	0.83	44.2
5	4	165	0.53	64.5
6	4.7	165	0.65	56.4

表4-7可知,在相同冲击速度下,随着防护层厚度增加,岩石试件表面上应力不断减小。保护层厚度与冲击面上应力峰值关系如图4-13所示,保护层厚度与应力波峰值降低率关系曲线如图4-14所示。

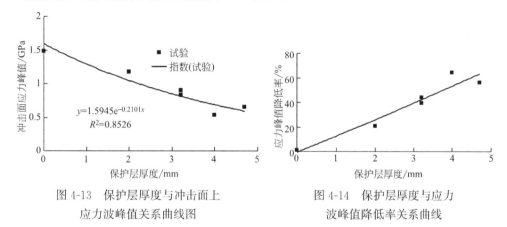

图 4-13 保护层厚度与冲击面上应力波峰值关系曲线图

图 4-14 保护层厚度与应力波峰值降低率关系曲线

从图4-13和图4-14可知,冲击速度相同时,保护层厚度增加,应力波峰值降低,应力波峰值降低率增加。从应力测试结果可知,加在岩石冲击端前方的不同厚度保护层材料改变了岩石飞片传递给岩石的应力大小,且在相同的冲击速度下,随着保护层材料厚度不断增加,岩石应力峰值不断减小。试验中,保护层一定程度减小了飞片施加给岩石的外力,起到保护岩石的作用。

3. 声波测试结果与分析

为定量分析岩样冲击损伤程度,对原始冲击速度相近的1号和5号试件(保护层分别为0mm和4mm)进行超声波测试,保护层厚度为4mm的岩石试件冲击试验前后超声波波形图如图4-15所示。岩石受外荷载作用下,在发生宏观破坏前会产生裂纹,由于大量裂纹的存在导致岩石的超声波速度发生变化,可利用岩石冲击前后的超声波速度(纵波速度)的变化情况来衡量岩石试件的损伤程

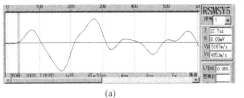 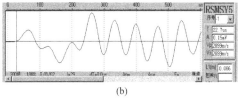

(a)　　　　　　　　　　　　　　(b)

图 4-15　保护层为 4mm 时声波测试波形图

(a) 试验前；(b) 试验后

度，如式（4-11）：

$$D = 1 - \left(\frac{C_P}{C_{P0}}\right)^2 \qquad (4\text{-}11)$$

式中　D——岩石的损伤度；

　　　C_P——岩石冲击后纵波速度（m/s）；

　　　C_{P0}——岩石冲击前纵波速度（m/s）。

测试结果见表 4-8。

超声波测试结果　　　　表 4-8

保护层厚度 (mm)	碰前声速 (m/s)	碰后声速 (m/s)	声速降低率 (%)	损伤度	损伤度降低率 (%)
0	5167	1667	62.51	0.86	21.1
4	5167	2899	43.25	0.68	

从表 4-8 可知，试件在 165m/s 的冲击速度作用下，加有 4mm 保护层材料的试件冲击试验后超声波速度明显大于无保护材料的试件。其声波的降低率从 62.51% 下降到 43.25%。损伤度从无防护层时的 0.86 降低到 0.68，降低率为 21.1%。

4. 隧道围岩爆破损伤防护数值分析

1) 模型建立

利用 LS-DYNA3D 软件对一级轻气炮试验过程进行数值模拟。其参数和一级轻气炮试验模型参数一致。岩石、PVC-U 板及铝全部采用 Solid3D-164 单元。由于岩石材料的多样性，在此材料模型及状态方程仅是近似的，材料模型及状态方程见表 4-9。

材料模型及状态方程　　　　表 4-9

材料	材料模型	状态方程
铝	MAT_PLASTIC_KINEMATIC	—
保护层	MAT_PLASTIC_KINEMATIC	—
岩石	MAT_ELASTIC_PLASTIC_HYDRO	EOS_GRUNEISEN

2) 数值模拟结果分析

保护层厚度与轻气炮试验保持一致，飞片撞击试件速度均为 165m/s。图 4-16 为无保护层和保护层厚度为 4mm 的岩石试件冲击端到自由端的应力云图，不同保护层厚度的数值模拟结果见表 4-10。

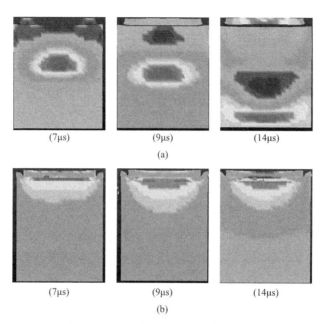

图 4-16 有、无保护层时的应力云图
(a) 无保护层；(b) 4mm 保护层

不同保护层厚度的数值模拟结果　　表 4-10

试验编号	保护层厚(mm)	飞片速度(m/s)	应力波峰(GPa)	降低率(%)
1	0	165	1.23	0.00
2	2	165	1.05	18.70
3	3.2	165	0.8	26.83
4	4	165	0.74	51.22
5	4.7	165	0.72	58.54

从图 4-16 可知，应力波在有、无保护层岩石试件中的传播规律有显著的区别，在无保护层的岩石试件中，飞片直接作用于岩石，对岩石产生破坏，随着应力波的传播，岩石损伤破坏的范围不断变大，直到应力波衰减为零；在有保护层岩石试件中，由于保护层波阻抗小，材质较软，对岩石起到一定缓冲作用，延长了冲击作用时间，这就导致传播到岩石中的能量减小，对岩石试件的破坏程度也减小。

从表 4-10 可知，冲击速度相同时，随着保护层厚度的增加，岩石冲击面上的应力波峰值不断减小，从无保护层的 1.23GPa 下降到保护层为 4.7mm 时的 0.72GPa，其应力峰值降低率最大为 58.54%。

图 4-17 和图 4-18 为轻气炮试验和数值模拟结果对比情况。

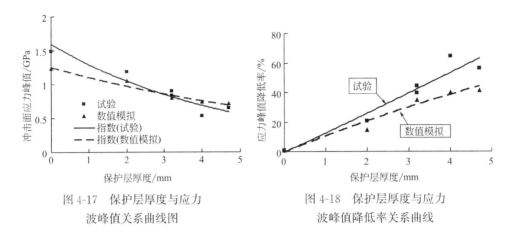

图 4-17　保护层厚度与应力 波峰值关系曲线图

图 4-18　保护层厚度与应力 波峰值降低率关系曲线

从图 4-17 和图 4-18 可知，轻气炮试验和数值模拟结果基本一致，且随着保护层厚度不断增加，岩石试件冲击面上应力波峰值均呈指数趋势减小，应力波峰值降低率不断增加。但试验和数值模拟结果也存在一定误差，可能主要有两个原因：第一，试验数据处理时是把所有的试验按波阻抗匹配原理转化成飞片速度均为 165m/s 时对应的应力峰值，这其中存在误差；第二，由数值模拟时材料模型的选择引起。

5. 结论

利用直径 57mm 一级轻气炮冲击试验和数值模拟研究了护壁材料对围岩的防护效果，可得出以下结论：

1) 利用一级轻气炮能够模拟爆炸过程中的冲击波对岩石的破坏过程，但不能模拟爆轰气体对岩石作用过程。

2) 一级轻气炮试验和数值模拟的应力分析均表明，随着护壁材料厚度的增加，岩石冲击面上的应力波峰值不断减小，且护壁材料越厚，减小程度越大。说明在爆破过程中，PVC-U 材料能够改变爆炸冲击波的传播，减小冲击波作用于岩石，对岩石试件起到保护作用。

3) 超声波测试结果表明，添加厚度 4mm 护壁材料的试件相比于无护壁材料试件，其冲击前后声波速度的降低率从 62.51% 下降到 43.25%。损伤度从无防护层时的 0.86 降低到 0.68，损伤度降低率为 21.1%。

4.2.3　隧道围岩冲击损伤防护试验效果

从 SHPB 和轻气炮冲击试验可以看出，在冲击作用下，护壁套管（材料）能够有效降低冲击作用对岩石的损伤破坏效果，这说明光面护壁爆破技术是可行的。

4.3 光面爆破与光面护壁爆破比较分析

4.3.1 计算模型

为研究光面爆破和光面护壁爆破应力变化特征，利用 ANSYS/LS-DYNA 软件建立光面爆破和光面护壁爆破模型，两者模型区别在于，光面护壁爆破技术围岩侧炮孔内添加了护壁管，其他参数设置一致；光面爆破和光面护壁爆破装药结构如图 4-19 所示。

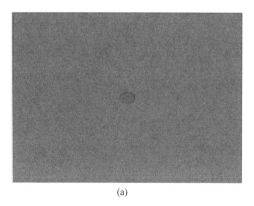
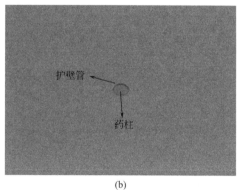

图 4-19　光面爆破对比模型
(a) 光面爆破；(b) 光面护壁爆破

模型尺寸为 60cm×60cm×15cm，孔径 40mm、药柱直径 32mm，堵塞长度 5cm、药柱长度 3cm，光面护壁爆破的护壁方式为炮孔内壁与护壁套管耦合，护壁套管材料 PVC-U 管厚 2mm；为模拟岩体无限边界，模型左右两侧和后方均设置为无反射边界，采用药柱中心起爆的方式。

ANSYS/LS-DYNA 软件采用 Lagrange 算法、ALE 算法。为保证材料与材料之间相互流动，使得该模拟算法能够顺利进行计算，例如炸药与空气之间的流动，则需使用流固耦合对岩体爆破模型中各物质进行粘结，通常采用共节点与使用特殊关键词两种方法实现。共节点即在两种单元边界上施加了固体边界，此方法需要在前处理上花费一定功夫；特殊关键词则是通过修改 K 文件，将模型中代表流体与固体的对象耦合在一块，保证物质之间的流动，本书采用此方法。

1. 模型材料属性

1) 岩石材料模型

岩石材料选择模型*MAT_111，该模型材料可以很好地描述大应变、高静水压力和高应变率下的工程材料动态力学行为，因此在冲击、爆炸等问题的数值分析中广泛应用，H-J-C模型强度以等效应力来描述，其函数式为：

$$\sigma^* = [A(1-D) + Bp^{*N}](1 + C\ln\xi^*) \tag{4-12}$$

式中　p^*——特征压力；

　　　ξ^*——参考应变率，1.0；

A、B、C、N——岩石模型有关参数；

　　　D——损伤因子。

H-J-C本构模型损伤是由于材料的塑性应变长时间累加得到的，具体演化过程为：

$$D = \sum \frac{\Delta\xi_p + \Delta\mu_p}{D_1(p^* + T/f_c)^{D_2}} \tag{4-13}$$

式中　$\Delta\xi_p$、$\Delta\mu_p$——等效、等塑应变体积；

　　　D_1、D_2——损伤常数；

　　　T——拉伸强度；

　　　f_c——断裂塑性应变。

J-H-C本构模型具体参数如表4-11所示。

J-H-C本构模型参数　　　　表4-11

p	G	A	B	C
2605kg/m³	10.469GPa	0.77MPa	1.76	0.0025
N	f_c	T		
0.608	54.43MPa	5.0MPa		

2) 炸药材料模型和状态方程

由于前处理不能选择炸药材料模型，故而先将其设置*MAT_003弹塑性材料模型，之后在K文件中将其修改成爆炸材料专属模型*MAT_008，此材料模型需和*EOS_JWL状态方程连用。

在炸药燃烧初始阶段单元形心处的点火时间t_1，等于形心到引爆点之间的距离L除以爆速D。

t时刻单元的燃烧反应率：

$$F = \max(F_1, F_2) \tag{4-14}$$

式中　$F_1 = \begin{cases} 2(t-t_1)D/V_c, & t > t_1 \\ 3(V_c/A_{cmax}) \\ 0, & t \leqslant t_1 \end{cases}$；

$$F_2 = \frac{1-V}{1-V_{CJ}};$$

F——燃烧反应速率；

V——相对体积；

V_{CJ}——炸药爆轰时爆速常数；

A_{emax}——单元最大面积。

JWL 状态方程爆轰压力计算表达式为：

$$P = A\left(1-\frac{\omega}{R_1 V}\right)e^{-R_1 V} + B\left(1-\frac{\omega}{R_2 V}\right)e^{-R_2 V} + \frac{\omega E}{V} \quad (4\text{-}15)$$

式中 A、ω、R_1、B、R_2、E——为 JWL 状态方程有关的一些常用试验参数，具体取值如表 4-12。

乳化炸药参数 表 4-12

*MAT_HIGH_EXPLOSIVE_BURN		
R_o(g/cm³)	D(m/s)	P_{CJ}(GPa)
1.15	0.45	0.97

*EOS_JWL						
A(GPa)	B(GPa)	R_1	R_2	W	E_o(GPa)	V_o
0.182	2.144×10^{-2}	4.192	0.97	0.30	0.07	1.00

3) 空气材料模型和状态方程

空气材料模型选择 *MAT_009，状态方程可以通过关键字 *EOS 卡片中 TYPE 1 来定义，其表达式为：

$$P = C_0 + C_1\mu + C_2\mu^2 + C_3\mu^3 + (C_4 + C_5\mu + C_6\mu^2)E \quad (4\text{-}16)$$

式中 $C_0 \sim C_6$——输入参数，见表 4-13；

E——体积内能参数。

空气材料及其状态方程参数 表 4-13

*EOS_LINEAR_POLYNOMIAL								
C_0	C_1	C_2	C_3	C_4	C_5	C_6		E
0.0	0.0	0.0	0.0	0.4	0.4	0.0		2.5×10^{-6}

4) 堵塞材料本构

炮孔堵塞材料可以选择与炮泥性质相近的砂土材料，因此从 LS-DYNA 材料库中选取出的材料模型为 *MAT_005，具体参数见表 4-14。

5) 护壁套管本构

护壁套管本构选择 *MAT-03 材料，聚氯乙烯管材（PVC-U）材料密度、泊松比和弹性模量等引自相关文献。

堵塞材料本构参数　　　　　　　　　　　表 4-14

变量	取值	变量	取值	变量	取值
$R_0(\text{g/cm}^3)$	2.0	$EPS2$	0.05	$P2$	4.5×10^5
$G(\text{GPa})$	1.6	$EPS3$	0.09	$P3$	5.0×10^5
$Bulk(\text{Pa})$	2.5×10^9	$EPS4$	0.11	$P4$	6.7×10^5
$A_0(\text{Pa})$	3.3×10^{-3}	$EPS5$	0.15	$P5$	1.3×10^6
A_1	1.31×10^{-7}	$EPS6$	0.19	$P6$	2.1×10^6
$A_2(\text{Pa}^{-1})$	0.1232	$EPS7$	0.21	$P7$	2.7×10^6
PC	0.0	$EPS8$	0.22	$P8$	3.9×10^6
VCR	0.0	$EPS9$	0.25	$P9$	5.5×10^6
REF	0.0	$EPS10$	0.30	$P10$	1.2×10^7

2. 单元属性及网格划分

岩体、堵塞、炸药、护壁管和空气单元均选用 3D_SOLID164 实体单元，该单元在模拟岩石、混凝土受动荷载情况下发生开裂、破碎、变形等方面有较大的优势。为准确地反应岩石爆破模拟过程中的变形及开裂情况，减小因单元尺寸过小而造成应力集中现象，所有单元均采用六面体网格进行空间离散化。

为观测到炮孔周围岩石裂纹扩展情况，将炸药与堵塞单元网格尺寸设为 0.3cm，岩体与空气单元网格尺寸为 0.5cm。并通过定义炮孔步长，使得炮孔周边区域网格密度加大，边界部分相对稀疏，各单元网格具体划分情况如图 4-20 所示。

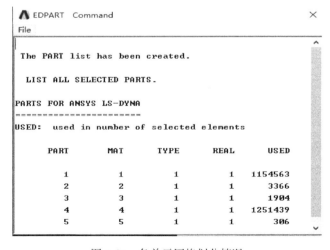

图 4-20　各单元网格划分情况

3. 实现裂纹扩展的方法

为实现观看岩石断裂的模拟过程，有限元软件中一些材料模型本身就带有失效类型，可以通过定义单元的失效类型来模拟裂纹的扩展，如*MAT_003、*MAT_111、*MAT_RHT 等，或者通过控制节点与单元失效来实现，两者优缺点如下：

1) 节点失效法

首先通过后处理软件 LS-prepost 将单元之间的共节点部分进行离散化，然后再使用 Matlab、UltraEdit 等第三方编写程序，添加*CONSTRAINED_TIED_NODES_FAILURE 关键字以建立节点集。但此方法的缺点是前处理需要花费大量时间。

2) 单元失效法

此方法是直接在 K 文件中添加用以控制单元失效的特殊关键字*MAT_ADD_EROSION，该关键字可以通过定义主应力、主应变、最大压力等参数值，当岩体接收的应力达到设定值时，该单元就会自动删除；可以通过点击后处理器 Toggle 按钮中子目录 Deleted Elements 来观看裂纹动态扩展过程，本文裂纹扩展演示均是基于此方法得出。

4.3.2 爆炸冲击波传播特性

1. 光面爆破爆炸冲击波传播特性

图 4-21 为光面爆破 $Z=6.5$ cm 剖面不同时刻的压力云图。

由图 4-21 可知：光面爆破炸药起爆后，爆炸冲击波开始扩散；在 $T=5.05\mu s$ 时，爆炸应力波扩散轨迹是以同心圆的方式慢慢膨胀至炮孔壁，并逐渐向着炮孔周围岩体继续扩散；围岩侧应力在 $37.7\mu s$ 达到最大 389.23MPa，光爆层侧应力在 $37.9\mu s$ 出现，其值为 386.46MPa（图 4-22），两侧压力值相差 2.77MPa；因此，完整岩体时光面爆破炮孔周围应力分布基本一致。

2. 光面护壁爆破爆炸冲击波传播特性

图 4-23 为光面护壁爆破 $Z=6.5$ cm 剖面不同时刻的压力云图。

由图 4-23 可知：在 $T=1.02\mu s$ 时刻爆炸冲击波开始扩散，在 $T=5.05\mu s$ 时，爆炸应力波膨胀并作用于护壁管上，爆炸应力波由同心圆传播慢慢变成倒椭圆形分布，在光爆层侧出现应力集中，导致光面护壁爆破围岩侧应力明显小于光爆层侧。

由图 4-24 可知：光爆层侧应力峰值出现在爆破后 $19.7\mu s$，其最大值为 537.13MPa，围岩侧应力峰值出现在爆破后 $23.7\mu s$，其最大值为 295.19MPa，围岩侧应力相对于光爆层侧降低 45.05%，峰值起始时间滞后 $4.0\mu s$；原因为爆炸能量经过护壁管、护壁管和炮孔壁间的空气以及护壁管受压产生的变形与位移三重阻隔后，围岩侧孔壁应力极速衰减。

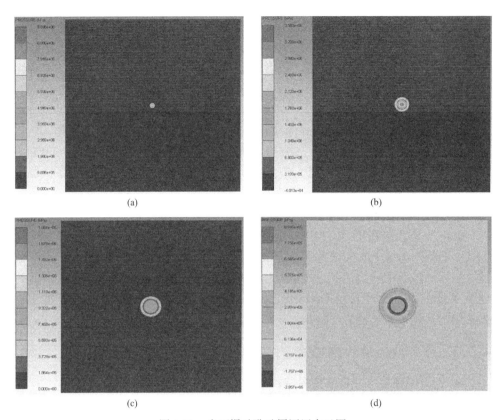

图 4-21 光面爆破孔壁周围压力云图

(a) $T=1.02\mu s$；(b) $T=5.05\mu s$；(c) $T=10.05\mu s$；(d) $T=22.01\mu s$

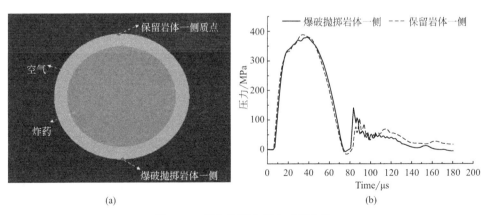

图 4-22 质点位置和压力时程曲线

(a) 质点位置；(b) 压力时程曲线

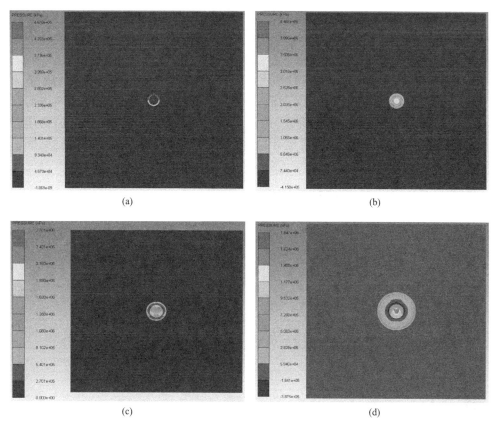

图 4-23 光面护壁爆破孔壁周围压力云图

(a) $T=1.02\mu s$；(b) $T=5.05\mu s$；(c) $T=10.05\mu s$；(d) $T=22.01\mu s$

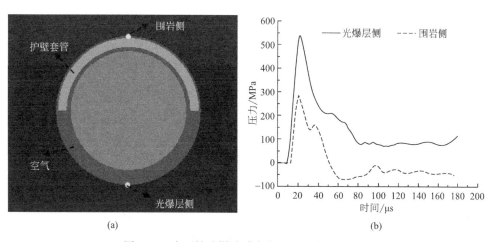

图 4-24 光面护壁爆破质点位置和压力时程曲线

(a) 质点位置；(b) 压力时程曲线

3. 光面爆破与光面护壁爆破爆炸冲击波传播特性对比分析

如图 4-22 与图 4-24 所示,在炸药单元爆炸初始时刻 ($T=1\mu s$),光面爆破与光面护壁爆破爆炸应力波扩散形态基本一致;自 $T=5.05\mu s$ 至 $T=22.01\mu s$,光面护壁爆破相对光面爆破炮孔壁压力出现明显差异,光面护壁爆破围岩侧应力降低 24.16%,光爆层侧应力提高 28.05%。

由此可见,光面护壁爆破相对于光面爆破,由于护壁套管的存在,有利于降低爆炸能量对围岩的破坏,同时也有利于将更多能量用于光爆层岩体,达到既保护隧道围岩、又充分破碎光爆层岩体的目的。

4.3.3 爆炸冲击波的运动特性

1. 光面爆破爆炸冲击波运动特性

1) 质点运动速度分析

图 4-25 为光面爆破 $Z=6.5cm$ 剖面不同时刻速度云图。

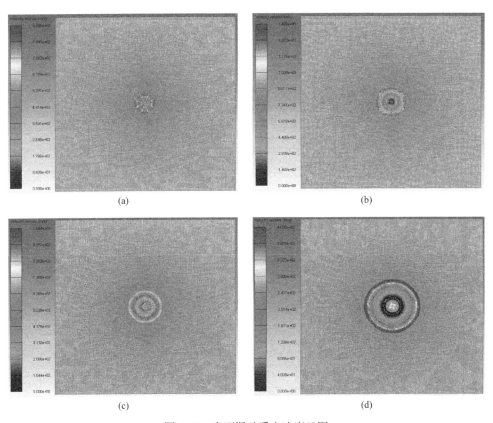

图 4-25 光面爆破质点速度云图
(a) $T=1.02\mu s$;(b) $T=5.05\mu s$;(c) $T=10.05\mu s$;(d) $T=22.01\mu s$

由图 4-26 可知：对于光面爆破，随着时间的推移，其质点接收到的爆炸冲击波压力不同，质点运动速度将随着冲击波衰减而衰减；围岩侧质点运动速度在 $5.05\mu s$ 达到最大 1478.15m/s，光爆层侧质点最大运动速度出现在 $5.08\mu s$，其值为 1453.05m/s（图 4-26）；两侧质点运动速度峰值相差 25.1m/s，质点起跳时间相差 $0.03\mu s$，基本可以判定为两质点是同时接收到爆炸冲击波并开始运动。

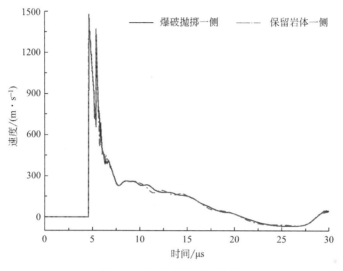

图 4-26 质点速度时程曲线

2）质点位移状态分析

图 4-27 给出上述特征质点为依据的不同时刻位移时程曲线。

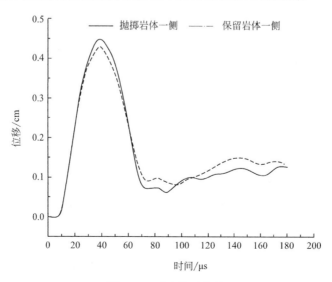

图 4-27 质点位移曲线

由图 4-27 可知，在 $10\mu s$ 左右质点位移峰值开始出现，位移上升时间为 $28\mu s$，围岩侧和光爆层侧位移峰值出现在爆破后 $37.7\mu s$，其最大位移峰值分别为 $0.46cm$ 和 $0.44cm$，因此，光面爆破两侧质点位移峰值大小也基本相同。

2. 光面护壁爆破爆炸冲击波运动特性

1) 质点运动速度分析

图 4-28 为光面护壁爆破 $Z=6.5cm$ 剖面不同时刻速度云图。

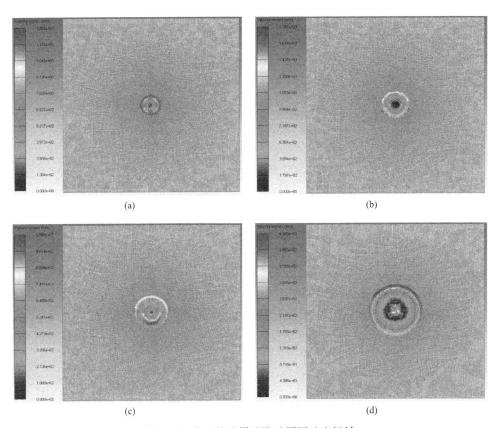

图 4-28　光面护壁爆破孔壁周围速度场域

(a) $T=1.02\mu s$；(b) $T=5.05\mu s$；(c) $T=10.05\mu s$；(d) $T=22.01\mu s$

光面护壁爆破炸药单元起爆后极短时间内，向外扩散的质点运动矢量最外围一圈颜色是相同的，表明此时各质点运动速度一致，如图 4-28（a）所示；当冲击波扩散至护壁套管时，爆破光爆层侧质点运动矢量表示为红色，而围岩侧质点运动矢量则是黄色，如图 4-28（c）所示；此时两侧质点速度分别为 $1660m/s$（$4.85\mu s$）和 $1349m/s$（$7.79\mu s$），如图 4-29 所示。

图 4-29 中，围岩侧质点运动速度远远小于光爆层侧，原因为护壁套管减缓了冲击波速度以及冲击波到达围岩侧孔壁的时间，减缓时间约为 $3.0\mu s$。

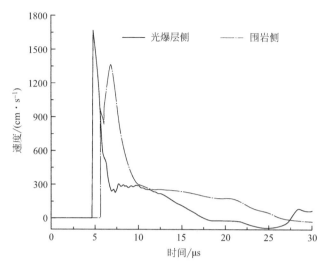

图 4-29　光面护壁爆破质点速度时程曲线

2）质点位移状态分析

图 4-30 给出上述特征质点为依据的不同时刻位移时程曲线。

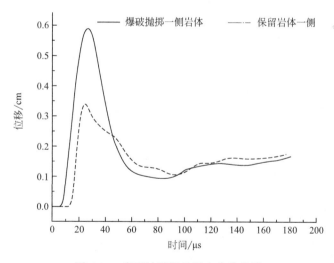

图 4-30　光面护壁爆破质点位移曲线

由图 4-30 可知，光爆层侧质点位移最大值为 0.58cm，围岩侧为 0.34cm，位移峰值降低 41.38%；另外，可发现围岩侧位移起始时间相对于光爆层侧延迟 3μs，并且其位移衰减速率较慢。

3）两种爆破技术爆炸冲击波运动特性对比分析

综合对比图 4-25～图 4-30 爆炸冲击波运动特性可知，光面护壁爆破相较于光面爆破在围岩侧所得到的质点运动速度、质点位移分别降低 8.74% 和 22.72%；而爆破光爆层侧分别提高 12.47% 和 20.68%，说明光面护壁爆破能够达到保护围岩、分离和充分破碎光爆层侧岩体的目的。

4.3.4　不同爆破技术岩体裂纹分布特征

炸药单元起爆后，炮孔周围岩体达到失效值而大量删除的单元定义为岩石粉碎区；将长度大于 5cm 的径向裂纹定义为主裂纹；大于 2cm、小于等于 5cm 的定义为次裂纹，两条主裂纹之间的裂纹定义为环向裂纹；护壁套管上方的岩体定义为围岩、下方岩体定义为光爆层岩体（以下简称 A 侧、B 侧），A 侧与 B 侧水平交界线定义为水平轴线，即为开裂面。

1. 光面爆破裂纹扩展动态分析

计算时间终止后，选取药柱中心位置剖面，提取光面爆破裂纹扩展情况如图 4-31 所示。

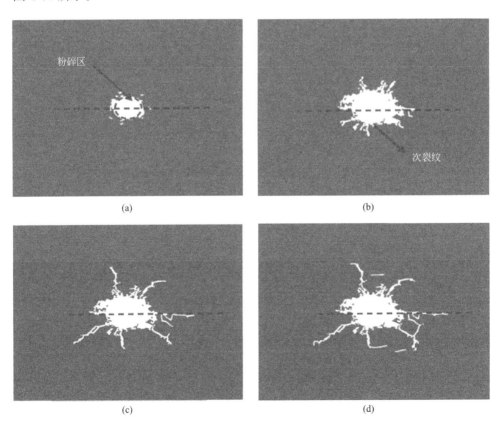

图 4-31　光面爆破岩体裂纹扩展情况
(a) $T=31.8\mu s$；(b) $T=56.7\mu s$；(c) $T=145.6\mu s$；(d) $T=180.0\mu s$

从图 4-31 可知：$T=31.8\mu s$ 时，光面爆破所形成的岩石粉碎区形态较为匀称，并在粉碎区周围伴生有一些细小裂纹；$T=56.7\mu s$ 时，岩石粉碎区已形成，此时初始裂纹在爆生气体持续楔入下进一步扩展形成一定量的主裂纹与次裂纹，但主裂纹占主导地位。

$T=145.6\mu s$ 时，各主裂纹得到充足的扩展并以放射状形态分布，可见沿开裂面扩展的裂纹只有右侧发育有一条较为平直的裂纹，左侧并没有发现类似现象；此时光面爆破岩体裂纹仍以主裂纹为主，环向裂纹则刚开始衍生；$T=180\mu s$ 时，光面爆破岩体裂纹扩展结束。

通过以上分析可知，由于光面爆破孔壁周围受力较为均匀，导致 A 侧/B 侧所衍生的裂纹较为规整、在开裂面处未能形成又长又直的裂纹，这不利于光面爆破形成平整光滑开裂面。

2. 光面护壁爆破裂纹扩展动态分析

光面护壁爆破裂纹扩展情况如图 4-32 所示。

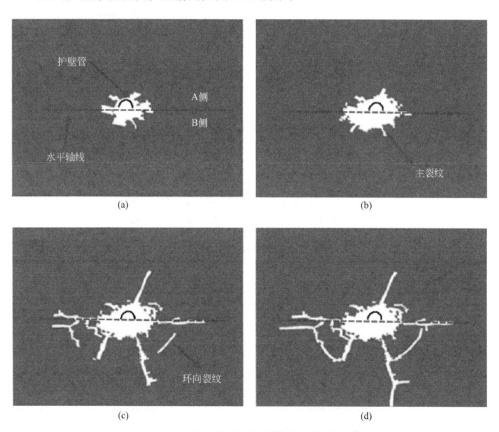

图 4-32　光面护壁爆破岩体裂纹扩展情况
(a) $T=31.8\mu s$；(b) $T=56.7\mu s$；(c) $T=145.6\mu s$；(d) $T=180.0\mu s$

从图 4-32 可知：对于光面护壁爆破，由于有护壁套管的存在，炮孔周围的爆破粉碎区呈不规则形状，围岩侧爆破粉碎区面积明显小于光爆层侧；围岩侧爆破主裂纹长度和数量明显小于光爆层侧；光爆层侧由于没有护壁套管的存在，爆破径向主裂纹长度比围岩侧更长、数量更多，同时还形成了环向裂纹，这有利于光爆层侧岩体充分破碎。

在护壁套管两端（预定开裂方向），由于护壁套管端部形成了应力集中效应，形成了长且直的裂纹，有利于形成平整的爆破开裂面。这说明光面护壁爆破既能保护围岩，又能形成平整开裂面，还能充分破碎光爆层岩体。

3. 光面爆破与光面护壁爆破爆生裂纹扩展效果比较分析

光面爆破和光面护壁爆破岩体模型计算时间结束后，如图 4-33 所示。统计爆后裂纹扩展长度，A 侧、B 侧裂纹影响范围，如表 4-15 和表 4-16 所示。

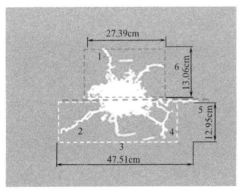
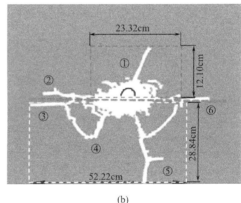

(a) (b)

图 4-33 光面爆破与光面护壁爆破爆生裂纹分布
(a) 光面爆破裂纹分布；(b) 光面护壁爆破裂纹分布

光面爆破爆生裂纹分布 表 4-15

爆破技术	分区	裂纹编号	主裂纹 (cm)	平均主裂纹 (cm)	裂纹影响范围 (cm^2)
光面爆破	A 侧	1	13.06	12.96	357.71
		6	12.86		
	B 侧	2	18.11	14.84	615.25
		3	11.08		
		4	15.32		
	开裂面	5	19.45	19.45	—

光面护壁爆破爆生裂纹分布　　　　　表 4-16

爆破技术	分区	裂纹编号	主裂纹 （cm）	平均主裂纹 （cm）	裂纹影响范围 （cm²）
光面护壁爆破	A 侧	①	12.10	12.10	282.17
	B 侧	③	24.04	22.07	1506.02
		④	13.32		
		⑤	28.84		
	开裂面	②	20.18	20.52	—
		⑥	20.86		

根据表 4-15 可知：光面爆破 A 侧主裂纹为 2 条，最长主裂纹为 13.06cm，平均主裂纹长 12.96cm，裂纹影响范围 357.71cm²；B 侧主裂纹为 3 条，最长主裂纹为 18.11cm，平均主裂纹长 14.84cm，裂纹影响范围 615.25cm²；开裂面有 1 条长 19.45cm 的主裂纹。A 侧和 B 侧裂纹数量和长度基本一致，但由于 B 侧自由面的影响，B 侧裂纹影响范围大于 A 侧。

根据表 4-16 可知：光面护壁爆破 A 侧主裂纹为 1 条，最长主裂纹、平均主裂纹均为 12.10cm，裂纹影响范围 282.17cm²；B 侧主裂纹为 3 条，最长主裂纹为 28.84cm，平均主裂纹长 22.07cm，裂纹影响范围 1506.02cm²；开裂面有 2 条较为平直的主裂纹。

可见，相比光面爆破，光面护壁爆破在开裂面形成又长又直的主裂纹，有利于形成平整的开裂面；A 侧主裂纹数量、裂纹长度和裂纹影响范围均有所降低，而 B 侧则有所提升，说明采用光面护壁爆破可以有效地保护 A 侧岩体以及提高 B 侧岩体的破碎程度，这与上文爆炸冲击波运动特性结果一致。

4.4 装药结构对光面护壁爆破效果的影响分析

4.4.1 模型建立

不同装药结构爆破效果存在显著差异。通过数值模拟，分析空气间隔装药结构和孔底集中装药结构光面护壁爆破效果。空气间隔装药结构中堵塞、空气和药柱长度分别为 3cm、2cm 和 3cm，而模型尺寸，孔径、药卷直径，护壁方式等参数均沿用 4.3.1 节中设定的参数，如图 4-34 所示。

4.4.2 结果分析

1. 不同装药结构孔壁质点应力和位移分析

图 4-35 给出空气间隔装药和孔底集中装药结构光面护壁爆破孔壁质点的压

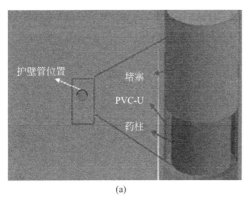 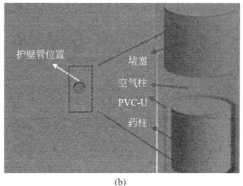

图 4-34 装药结构模型
(a) 孔底集中装药结构；(b) 空气间隔装药结构

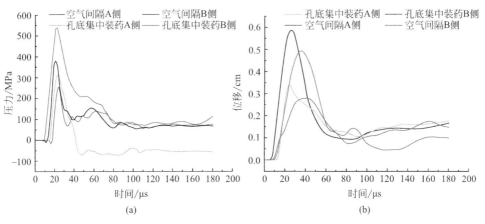

图 4-35 两种装药结构压力/位移时程曲线
(a) 压力曲线；(b) 位移曲线

力/位移时程曲线。

根据图 4-35 可知：孔底集中装药结构 A/B 侧质点应力与位移在 4.3.3 节中进行了详细描述，在此不再一一赘述。

空气间隔装药结构光面护壁爆破 B 侧孔壁质点最大应力为 379.23MPa，质点位移最大值 0.49cm，出现时间为爆破后 13.0μs；A 侧孔壁质点最大应力为 255.27MPa，质点最大位移值为 0.28cm，出现时间为 15.8μs。

可见，空气间隔装药结构 A 侧质点、B 侧质点所提取的压力和位移均明显小于连续装药结构。其中，A 侧质点应力降低 13.52%、位移降低 17.64%，B 侧质点应力降低 29.39%、位移降低 15.52%，主要原因为空气间隙降低了孔内初始爆压、延长了爆生气体在孔内作用时间，可以充分利用其准静态作用破岩。

2. 不同装药结构光面护壁爆破裂纹扩展结果分析

图 4-36 给出孔底集中装药和空气间隔装药光面护壁爆破荷载下岩石裂纹扩展最终效果，将图中各主裂纹扩展长度、A 侧/B 侧主裂纹影响范围进行统计，如表 4-17 所示。

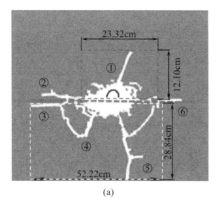 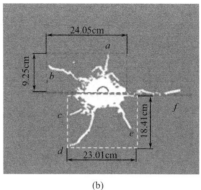

图 4-36　两种装药结构裂纹扩展对比
（a）孔底集中装药；（b）空气间隔装药

不同装药结构裂纹参数　　　　　　　　　表 4-17

装药结构	分区	裂纹编号	主裂纹(cm)	平均主裂纹(cm)	裂纹影响范围(cm²)
孔底集中装药	A 侧	①	12.10	12.10	282.17
	B 侧	③	24.04	22.07	1506.02
		④	13.32		
		⑤	28.84		
	开裂面	②	20.18	20.52	—
		⑥	20.86		
空气间隔装药	A 侧	a	9.25	11.36	222.46
		b	13.48		
	B 侧	c	10.77	14.14	423.61
		d	18.41		
		e	13.24		
	开裂面	f	22.09	22.09	—

孔底集中装药结构爆破时 A 侧有 1 条主裂纹，即主裂纹①，主裂纹①扩展长度、平均长度均为 12.10cm，裂纹影响范围 282.17cm²；B 侧主裂纹为 3 条，最长主裂纹为 28.84cm，平均主裂纹长 22.07cm，裂纹影响范围 1506.02cm²。

空气间隔装药结构光面护壁爆破时 A 侧有 2 条主裂纹，即主裂纹 a 和主裂纹b，主裂纹扩展长度分别为9.25cm和13.48cm，平均长度均为11.36cm，裂纹影响范围222.46cm²；B侧主裂纹为3条，最长主裂纹为18.41cm，平均主裂纹长14.14cm，裂纹影响范围423.61cm²。

虽然空气间隔装药结构光面护壁爆破时A侧有2条主裂纹，但平均裂纹长度和裂纹影响范围要小于孔底集中装药结构光面护壁爆破，分别降低6.11%、21.16%，说明空气间隔装药光面护壁爆破可以减少A侧破坏范围。

空气间隔装药结构光面护壁爆破时B侧平均裂纹长度和裂纹影响范围相比孔底集中装药结构光面护壁爆破时分别降低35.93%和71.87%，主要原因为空气间隔装药光面护壁爆破时，由于炸药沿着炮孔长度更加分散，导致爆破能量峰值降低了。

4.5 装药不耦合系数对护壁效果的影响分析

本节研究装药不耦合系数K对光面护壁爆破效果的影响，K分别取值为1.25、1.56、1.67和2.0，其中K为2.0表示炮孔直径为40mm，药卷直径20mm，其他K值参数意义类同，如图4-37所示。

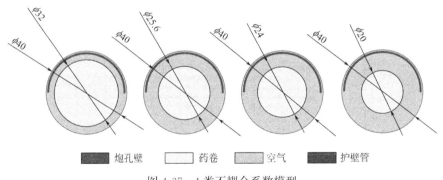

图4-37　4类不耦合系数模型

4.5.1 装药不耦合系数与孔壁压力/位移关系

图4-38给出4类装药不耦合系数与炮孔壁压力、位移的变化曲线。

装药不耦合系数K分别为1.25、1.56、1.67、2.0时，A侧质点压力分别为255.27MPa、235.65MPa、215.28MPa和205.89MPa，B侧质点压力分别为379.23MPa、364.58MPa、321.26MPa、311.89MPa。可见随着K的增加，A侧和B侧的孔壁质点压力和位移都是逐渐降低的。

对于隧道周边孔爆破而言，希望将更少的能量作用于围岩侧（A侧），以利

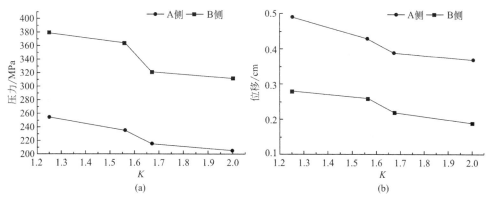

图 4-38　装药不耦合系数与炮孔壁压力、位移的关系
(a) 压力；(b) 位移

于减少爆破对围岩的损伤破坏；将更多的能量作用于光爆层侧，用于充分破碎光爆层岩体，以利于铲装。

为此定义 A 侧孔壁质点压力比 B 侧的降低率为降幅比，用 N 表示，N 计算式为：

$$N = \frac{|B \text{侧孔壁质点压力} - A \text{侧孔壁质点压力}|}{B \text{侧孔壁质点压力}} \times 100\% \quad (4-17)$$

装药不耦合系数 K 分别为 1.25、1.56、1.67、2.0 时，降幅比 N 分别为：

$K=1.25$ 时，$N=32.69\%$；$K=1.56$ 时，$N=35.36\%$；$K=1.67$ 时，$N=32.98\%$；$K=2.00$ 时，$N=33.98\%$。

比较 K 和 N 的关系发现，光面护壁爆破 A 侧孔壁质点压力比 B 侧的降幅比 N 并不是随着装药不耦合系数增加而逐渐降低或增加的。当 $K=1.56$ 时，N 值最大，这时 A 侧孔壁压力相对 B 侧最小，说明 $K=1.56$ 时，光面护壁爆破可以实现让更少的能量作用于围岩，让更多的能量作用于光爆层，即，这时有利于保护围岩，同时有利于光爆层的破碎。

4.5.2　装药不耦合系数对裂纹扩展范围影响规律

模型计算时间结束后，4 类装药不耦合系数所对应的岩石裂纹扩展实况如图 4-39 所示。

由图 4-39 可知，相比 $K=1.25$ 其他 3 类 K 值的增长伴有 B 侧翼裂纹增多的现象，尤其对于 $K=1.56$ 和 $K=1.67$ 最为明显，B 侧翼裂纹的增多有利于引导后续爆生气体的楔入，增大 B 侧岩体破坏程度，而减少对 A 侧岩体的破坏；$K=1.56$ 时，能够在开裂面处形成 2 条较为平直的主裂纹，从而保护了 A 侧岩体。

为便于分析不耦合系数 K 对岩石模型 A 侧、B 侧岩体裂纹扩展长度的影响，

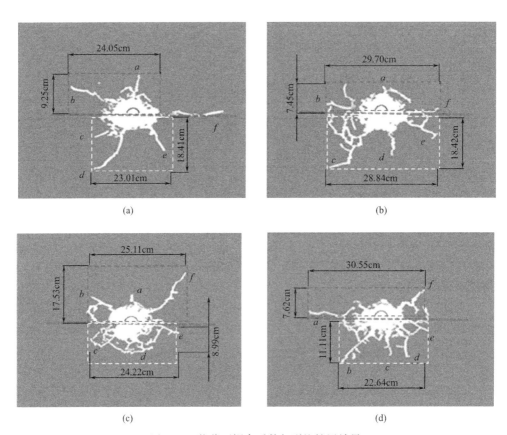

图 4-39 装药不耦合系数与裂纹扩展效果
(a) $K=1.25$；(b) $K=1.56$；(c) $K=1.67$；(d) $K=2.0$

将各模型主裂纹扩展长度值统计于表 4-18。

4 类装药不耦合系数模型爆后裂纹参数 表 4-18

K	分区	裂纹编号	主裂纹 (cm)	平均主裂纹 (cm)	裂纹影响范围 (cm^2)
1.25	A 侧	a	9.25	11.36	222.46
		b	13.48		
	B 侧	c	10.77	14.14	423.61
		d	18.41		
		e	13.24		
	开裂面	f	22.09	22.09	—

续表

K	分区	裂纹编号	主裂纹（cm）	平均主裂纹（cm）	裂纹影响范围（cm²）
1.56	A 侧	a	7.45	7.45	221.26
	B 侧	c	18.42	13.98	531.23
		d	10.58		
		e	12.96		
	开裂面	b	13.26	13.95	—
		f	14.64		
1.67	A 侧	a	7.65	11.64	440.18
		b	9.75		
		f	17.53		
	B 侧	c	10.12	9.92	217.74
		d	8.99		
		e	10.65		
2.0	A 侧	f	7.62	7.62	232.79
	B 侧	b	14.87	11.93	251.53
		c	9.25		
		d	10.31		
	开裂面	a	16.40	13.74	—
		e	11.07		

根据表 4-18 绘制装药不耦合系数与各裂隙岩体 A 侧和 B 侧平均裂纹长度与裂纹影响范围曲线如图 4-40 所示。

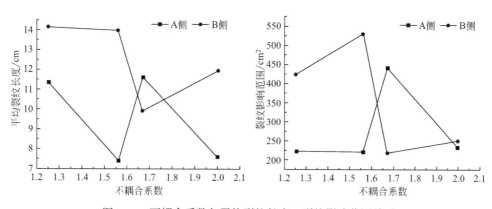

图 4-40 不耦合系数与平均裂纹长度、裂纹影响范围关系

由图 4-40 可知，A 侧平均裂纹长度随着不耦合系数的增长呈"减-增-减"的趋势，而 B 侧则是先减少后增长，并没有表现出 K 越大岩体破坏程度越小的现象。对于 A 侧主裂纹来说，平均裂纹长度和裂纹影响范围越小越好。

根据表 4-18 中 4 类装药不耦合系数模型爆后裂纹参数可知，当 $K=1.56$ 时，A 侧平均裂纹长度最短，A/B 侧平均裂纹比值最大，A 侧裂纹影响范围最小，这有利于保护 A 侧岩体。

4.6　本章小结

本章从力学角度分析了护壁套管对孔壁的护壁作用效果，通过 SHPB 冲击试验和轻气炮冲击试验验证了护壁套管对冲击防护有效应。

应用数值模拟方法比较分析了光面护壁爆破相对于光面爆破的优势，并通过数值模拟发现，间隔装药光面护壁爆破效果优于孔底集中装药光面护壁爆破，同时模拟了完整岩体单孔光面爆破和光面护壁爆破破岩过程，发现不耦合系数 K 约为 1.56、间隔装药的光面护壁爆破，能够最大程度上保护围岩，此时围岩侧（A 侧）孔壁相对于光爆层侧（B 侧）孔壁的应力峰值降低 35.36%、位移值降低 38.64%、裂纹影响范围降低 58.35%。

第 5 章

周边孔双孔偏心不耦合装药爆破裂纹扩展试验

5.1 试验方案

5.1.1 试验模型

以隧道周边孔(顶板孔和边墙孔)爆破为背景进行模拟试验,试验介质为长400mm×400mm×10mm 的有机玻璃板,分别进行顶板孔和边墙孔偏心不耦合装药双孔光面爆破、偏心不耦合装药光面护壁爆破试验。

模型中,孔距70mm,距自由面(下边界)70mm,两孔与左右两侧边界的距离为165mm。模型尺寸如图 5-1 所示。

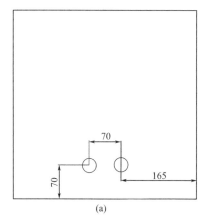
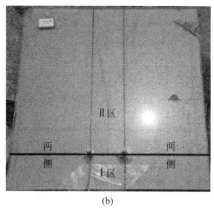

图 5-1 有机玻璃模型
(a) 炮孔布置示意图(单位:mm);(b) 实物模型

试验共分为 4 组,以 1 发 8 号工业电雷管(药卷直径为雷管直径 6.8mm)为爆源。

1) 边墙孔双孔(偏心不耦合装药)光面爆破试验:试验共进行 4 次,每次试验以不耦合系数(1.17、1.47、1.76、2.06)为变量,对应炮孔直径分别为8mm、10mm、12mm、14mm,如图 5-2(a)所示。

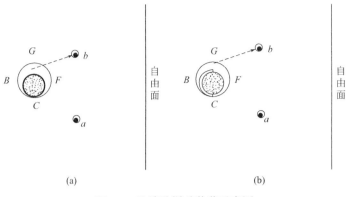

图 5-2　边墙孔爆破装药示意图
(a) 偏心不耦合；(b) 偏心护壁

2) 边墙孔双孔（偏心不耦合装药）光面护壁爆破试验：试验采用 PVC 管作为护壁材料，其他参数同第 1) 组试验，装药结构如图 5-2 (b) 所示。

3) 顶板孔双孔（偏心不耦合装药）光面爆破试验：试验参数同第 1) 组试验，装药结构如图 5-3 (a) 所示。

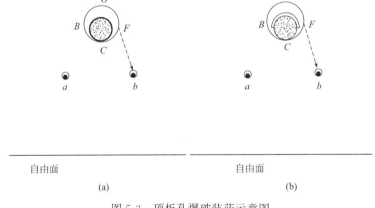

图 5-3　顶板孔爆破装药示意图
(a) 光面爆破；(b) 光面护壁

4) 顶板孔双孔（偏心不耦合装药）光面护壁爆破试验：试验参数同第 1) 组，装药结构如图 5-3 (b) 所示，试验采用 PVC 管作为护壁材料。

5.1.2　试验步骤

1) 为保证钻孔的精确性，采用激光加工炮孔，要求炮壁面光滑并且垂直于模型表面。

2) 将雷管装药区的同一位置用 502 胶水粘合于孔壁，雷管偏心位置如

图 5-2、图 5-3 所示;对于护壁爆破试验,用 502 胶水将雷管与半壁 PVC 管耦合粘贴,粘贴位置如图 5-2(b)、图 5-3(b)所示。

3)为防止爆炸过程中雷管弹片刮花模型表面,影响裂纹观测效果,用薄木板覆盖于模型上表面;同时将模型悬空平放于铁架上,以防止雷管移位,如图 5-1 所示。

4)起爆雷管,回收模型。

5.2 试验结果

4 组试验装药结构和爆破效果如图 5-4~图 5-7 所示。

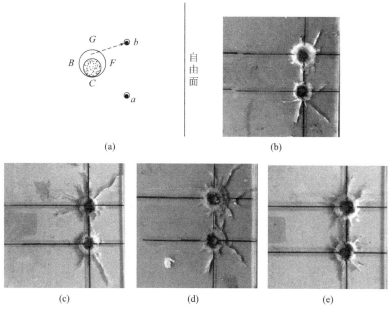

图 5-4 边墙孔光面爆破爆后有机玻璃开裂效果
(a)边墙孔偏心不耦合装药;(b)1 号($K_1=1.17$);(c)2 号($K_2=1.47$);
(d)3 号($K_3=1.76$);(e)4 号($K_4=2.06$)

为了统计爆后裂纹分布情况,以两炮孔中心连线为分界线,光爆层侧定义为Ⅰ区,围岩侧定义为Ⅱ区,如图 5-1(b)所示。将爆破后受到爆炸作用破坏的环形区域称为微裂纹区,分别对某一区域(Ⅰ区或Ⅱ区)的微裂纹区半径测量 3 次,取其平均值称为微裂纹区平均半径。将长度超出微裂纹区的裂纹称为主裂纹,在某区域内主裂纹长度最长的裂纹称为该区域的最长主裂纹,区域内炮孔周围的所有主裂纹的长度的总和称为裂纹总长度。

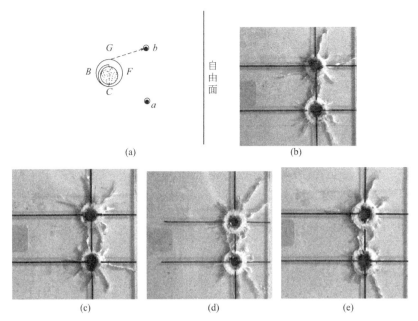

图 5-5 边墙孔光面护壁爆破爆后有机玻璃开裂效果

(a) 边墙孔偏心护壁装药；(b) 5 号（$K_1=1.17$）；(c) 6 号（$K_2=1.47$）；
(d) 7 号（$K_3=1.76$）；(e) 8 号（$K_4=2.06$）

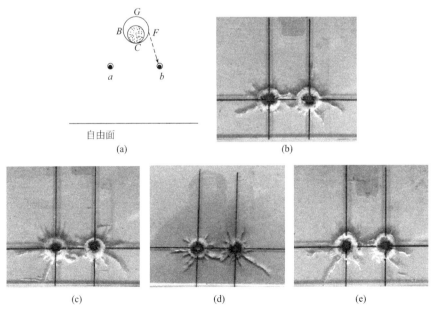

图 5-6 顶板孔光面爆破爆后有机玻璃开裂效果

(a) 顶板孔偏心不耦合装药结构；(b) 9 号（$K_1=1.17$）；(c) 10 号（$K_2=1.47$）；
(d) 11 号（$K_3=1.76$）；(e) 12 号（$K_4=2.06$）

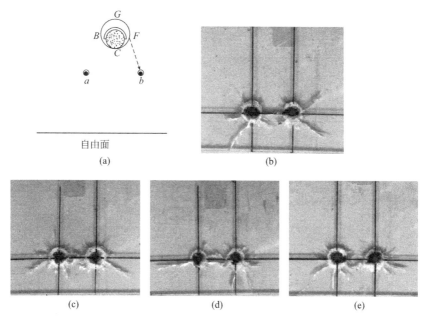

图 5-7 顶板孔光面护壁爆破爆后有机玻璃开裂效果

(a) 顶板孔偏心护壁装药；(b) 13 号（$K_1=1.17$）；(c) 14 号（$K_2=1.47$）；
(d) 15 号（$K_3=1.76$）；(e) 16 号（$K_4=2.06$）

5.3 边墙孔爆破不耦合系数与裂纹长度关系分析

5.3.1 装药不耦合系数与微裂纹区平均半径的关系分析

边墙孔模型爆破后微裂纹区平均半径见表 5-1，通过表 5-1 得出装药不耦合系数与微裂纹区平均半径关系曲线，如图 5-8 所示。

模型爆后微裂纹区平均半径　　　　表 5-1

模型编号	装药结构	孔径(mm)	不耦合系数	微裂纹区平均半径		
				Ⅰ区(mm)	Ⅱ区(mm)	A11
1号	偏心不耦合	8	1.17	13.50	10.30	1.31
2号	偏心不耦合	10	1.47	12.50	9.30	1.34
3号	偏心不耦合	12	1.76	14.00	9.50	1.47
4号	偏心不耦合	14	2.06	13.00	9.30	1.40
5号	偏心护壁	8	1.17	14.00	9.50	1.47

续表

模型编号	装药结构	孔径(mm)	不耦合系数	微裂纹区平均半径		
				Ⅰ区(mm)	Ⅱ区(mm)	A11
6号	偏心护壁	10	1.47	13.00	9.00	1.44
7号	偏心护壁	12	1.76	14.50	9.00	1.61
8号	偏心护壁	14	2.06	13.50	9.00	1.50

注：A11为光爆层（Ⅰ区）微裂纹平均半径与围岩（Ⅱ区）微裂纹平均半径之比（微裂纹平均半径）。

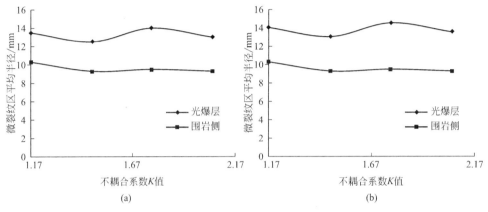

图 5-8 不耦合系数与微裂纹区平均半径的关系图
(a) 偏心不耦合装药爆破；(b) 偏心护壁装药爆破

由图 5-8（a）、（b）可知，光面爆破和光面护壁爆破爆后在炮孔周围形成的微裂纹区平均半径是不均匀的；光爆层微裂纹区平均半径都要大于围岩的微裂纹区，说明自由面对微裂纹区扩展有促进作用。

两种装药结构爆后光爆层微裂纹区平均半径随着不耦合系数的增大先减小后增大最后再减小，在 $K=1.76$ 处获得最大值；围岩的微裂纹区长度随着不耦合系数的增大而减小，在 $K=2.06$ 时获得最小值；当不耦合系数 $K=1.76$ 时，光面爆破和光面护壁爆破爆后的光爆层微裂纹区与围岩微裂纹区比值最大，A11值分别为 1.47 和 1.61。

5.3.2 装药不耦合系数与最长主裂纹长度的关系分析

模型爆破后最长主裂纹长度见表 5-2，通过表 5-2 得出装药不耦合系数与最长主裂纹长度关系曲线，如图 5-9 所示。

从图 5-9 可以看出，两种装药结构爆后光爆层的最长主裂纹长度随着不耦合系数的增大先增大后减小，在 $K=1.76$ 时，取得最大值；偏心不耦合装药爆后围岩的最长主裂纹长度随着不耦合系数的增大而先减小后增大，在 $K=1.76$ 时取得最小值。偏心护壁装药爆后围岩的最长主裂纹长度随着不耦合系数的增加而减小，在 $K=2.06$ 时，取得最小值，但与 $K=1.76$ 时差别不大；

模型爆后最长主裂纹长度　　　　　　　　　　　　表 5-2

模型编号	装药结构	孔径(mm)	不耦合系数	最长裂纹长度 Ⅰ区(mm)	Ⅱ区(mm)	A12
1号	偏心不耦合	8	1.17	53.00	40.00	1.33
2号	偏心不耦合	10	1.47	53.00	37.00	1.43
3号	偏心不耦合	12	1.76	53.00	30.00	1.77
4号	偏心不耦合	14	2.06	44.00	39.00	1.13
5号	偏心护壁	8	1.17	53.00	42.00	1.26
6号	偏心护壁	10	1.47	53.00	37.00	1.43
7号	偏心护壁	12	1.76	55.00	29.00	1.90
8号	偏心护壁	14	2.06	48.00	28.00	1.71

注：A12 为光爆层（Ⅰ区）最长主裂纹长度与围岩（Ⅱ区）最长主裂纹长度之比。

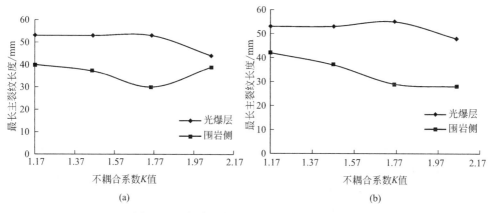

图 5-9　不耦合系数与最长主裂纹长度的关系
(a) 偏心不耦合装药爆破；(b) 偏心护壁装药爆破

当不耦合系数 $K=1.76$ 时，偏心不耦合装药和偏心护壁装药爆后的光爆层与围岩最长主裂纹长度的比值最大，A12 值分别为 1.77 和 1.90。

5.3.3　装药不耦合系数与裂纹总长度的关系分析

模型爆破后裂纹总长度见表 5-3，通过表 5-3 得出装药不耦合系数与裂纹总长度关系曲线，如图 5-10 所示。

模型爆后裂纹总长度　　　　　　表 5-3

模型编号	装药结构	孔径(mm)	不耦合系数	总裂纹长度		
				Ⅰ区(mm)	Ⅱ区(mm)	A13
1 号	偏心不耦合	8	1.17	320.00	310.00	1.03
2 号	偏心不耦合	10	1.47	310.00	260.00	1.19
3 号	偏心不耦合	12	1.76	362.00	218.00	1.66
4 号	偏心不耦合	14	2.06	298.00	237.00	1.26
5 号	偏心护壁	8	1.17	380.00	310.00	1.23
6 号	偏心护壁	10	1.47	381.00	318.00	1.20
7 号	偏心护壁	12	1.76	370.00	190.00	1.95
8 号	偏心护壁	14	2.06	330.00	200.00	1.65

注：A13 为光爆层（Ⅰ区）裂纹总长度与围岩（Ⅱ区）裂纹总长度之比。

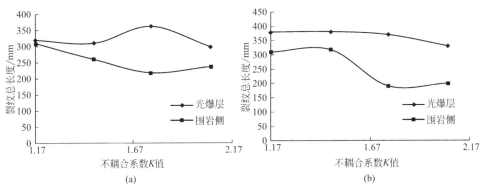

图 5-10　不耦合系数与裂纹总长度的关系
（a）偏心不耦合装药爆破；（b）偏心护壁装药爆破

由图 5-10 可知，偏心不耦合装药爆破后，光爆层裂纹总长度随着不耦合系数的增大先增大后减少，在 $K=1.76$ 时获得最大值；围岩裂纹总长度随着不耦合系数的增大先减少后增加，在 $K=1.76$ 时获得最小值。偏心护壁装药爆破时，光爆层裂纹总长度逐渐减小，围岩裂纹总长度先增大后减小最后再增大。当不耦合系数 $K=1.76$ 时，偏心不耦合装药爆破和偏心护壁装药爆破光爆层裂纹总长度与围岩的裂纹总长度比值最大，A13 值分别为 1.66 和 1.95。

5.3.4　护壁套管的护壁作用分析

根据前文试验，光爆层（Ⅰ区）微裂纹半径与围岩（Ⅱ区）微裂纹半径、最长主裂纹长度和裂纹总长度之比分别为 A11、A12、A13，两组试验装药不耦合系数与 A11、A12、A13 之间的关系如图 5-11 所示。

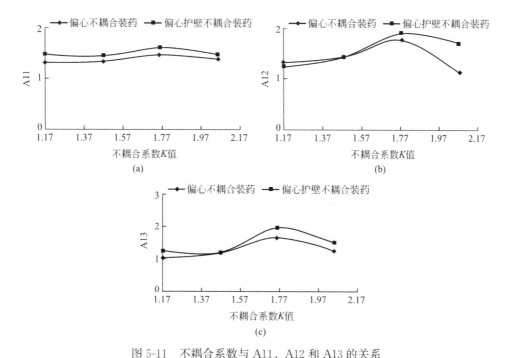

图 5-11 不耦合系数与 A11、A12 和 A13 的关系
(a) 不耦合系数与 A11 的关系；(b) 不耦合系数与 A12 的关系；(c) 不耦合系数与 A13 的关系

无论是光面爆破还是光面护壁爆破，A11、A12、A13 始终大于 1，即对光爆层（Ⅰ区）的损伤要大于围岩（Ⅱ区）的损伤，说明光爆层自由面对裂纹扩展起到了促进作用；光面护壁爆破的 A11、A12、A13 都要大于光面爆破，这说明光面护壁爆破的护壁套管有利于保护围岩，同时有利于破碎光爆层岩体。

5.4 顶板孔爆破装药不耦合系数与裂纹关系分析

5.4.1 装药不耦合系数与微裂纹区平均半径关系分析

模型爆破后微裂纹区平均半径见表 5-4，通过表 5-4 得出装药不耦合系数与微裂纹区平均半径关系曲线，如图 5-12 所示。

模型爆后微裂纹区平均半径　　　　表 5-4

模型编号	装药结构	孔径(mm)	不耦合系数	微裂纹区平均半径		
				Ⅰ区(mm)	Ⅱ区(mm)	A21
9号	偏心不耦合	8	1.17	14.00	10.30	1.36

续表

模型编号	装药结构	孔径(mm)	不耦合系数	微裂纹区平均半径		
				Ⅰ区(mm)	Ⅱ区(mm)	A21
10号	偏心不耦合	10	1.47	13.00	9.80	1.33
11号	偏心不耦合	12	1.76	12.00	8.70	1.37
12号	偏心不耦合	14	2.06	14.75	9.00	1.64
13号	偏心护壁	8	1.17	14.00	10.20	1.37
14号	偏心护壁	10	1.47	14.50	10.00	1.45
15号	偏心护壁	12	1.76	13.50	9.00	1.50
16号	偏心护壁	14	2.06	15.00	8.90	1.69

注：A21为光爆层（Ⅰ区）微裂纹平均半径与围岩（Ⅱ区）微裂纹平均半径之比（微裂纹平均半径）。

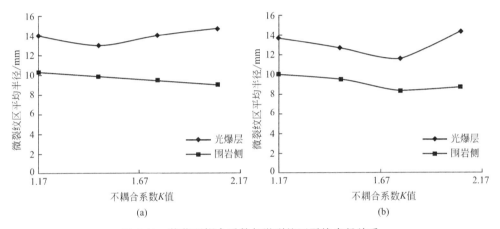

图 5-12 装药不耦合系数与微裂纹区平均半径关系
(a) 偏心不耦合装药；(b) 偏心护壁装药

由图 5-12（a）和（b）可知，光面爆破和光面护壁爆破在炮孔周围形成的微裂纹区平均半径是不均匀的；两组试验中，光爆层的微裂纹区平均半径都要大于围岩，说明了偏心装药结构中耦合侧的破坏程度要大于不耦合侧。围岩的微裂纹区平均半径随着不耦合系数的增大而减小，在 $K=2.06$ 时，取得最小值。光爆层的微裂纹区平均半径曲线变化趋势各不相同，但都在 $K=2.06$ 时，取得最大值。而当不耦合系数 $K=2.06$ 时，光面爆破和光面护壁爆破的光爆层微裂纹区与围岩的微裂纹区比值最大，A21 值分别为 1.64 和 1.69。

5.4.2 装药不耦合系数与最长主裂纹长度的关系分析

模型爆破后最长主裂纹长度见表 5-5，通过表 5-5 得出装药不耦合系数与最长主裂纹长度关系曲线，如图 5-13 所示。

模型爆后最长主裂纹长度　　　　表 5-5

模型编号	装药结构	孔径（mm）	不耦合系数	最长裂纹长度		
				Ⅰ区(mm)	Ⅱ区(mm)	A22
9 号	偏心不耦合	8	1.17	62	32	1.94
10 号	偏心不耦合	10	1.47	60	29	2.07
11 号	偏心不耦合	12	1.76	64	25	2.56
12 号	偏心不耦合	14	2.06	69	25	2.76
13 号	偏心护壁	8	1.17	65	30	2.17
14 号	偏心护壁	10	1.47	60	27	2.22
15 号	偏心护壁	12	1.76	70	26	2.69
16 号	偏心护壁	14	2.06	60	20	3.00

注：A22 为光爆层（Ⅰ区）最长主裂纹长度与围岩（Ⅱ区）最长主裂纹长度之比。

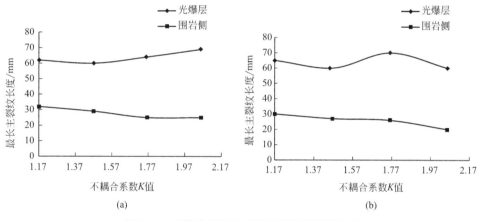

图 5-13　不耦合系数与最长主裂纹长度的关系
(a) 偏心不耦合装药；(b) 偏心护壁装药

从图 5-13 可以看出，光面爆破爆后光爆层最长主裂纹随着不耦合系数的增加而增加，在 $K=2.0$ 时取得最大值；光面护壁爆破爆后光爆层最长主裂纹长度随着不耦合系数的增加变化较大，在 $K=1.76$ 时，取得最大值。围岩的最长主裂纹长度随着不耦合系数的增加而减小，在 $K=2.06$ 时取得最小值。当不耦合系数 $K=2.06$ 时，光面爆破和光面护壁爆破的光爆层与围岩最长主裂纹长度的比值最大，A22 值分别为 2.76 和 3.00。

5.4.3　装药不耦合系数与裂纹总长度关系分析

模型爆破后裂纹总长度见表 5-6，通过表 5-6 得出装药不耦合系数与裂纹总长度关系曲线，如图 5-14 所示。

模型爆后裂纹总长度　　　　　　　　　　表 5-6

模型编号	装药结构	孔径（mm）	不耦合系数	总裂纹长度		
				Ⅰ区(mm)	Ⅱ区(mm)	A23
9 号	偏心不耦合	8	1.17	410	270	1.52
10 号	偏心不耦合	10	1.47	403	260	1.55
11 号	偏心不耦合	12	1.76	404	223	1.81
12 号	偏心不耦合	14	2.06	400	172	2.33
13 号	护壁偏心	8	1.17	380	190	2.00
14 号	护壁偏心	10	1.47	378	184	2.05
15 号	护壁偏心	12	1.76	382	174	2.20
16 号	护壁偏心	14	2.06	410	140	2.93

注：A23 为光爆层（Ⅰ区）裂纹总长度与围岩（Ⅱ区）裂纹总长度之比。

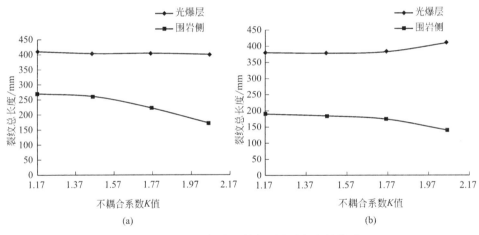

图 5-14　装药不耦合系数与裂纹总长度的关系
（a）偏心不耦合装药；（b）偏心护壁装药

由图 5-14 可知，光面爆破时，光爆层裂纹总长度几乎保持不变，围岩裂纹总长度逐渐降低，两者在 $K=2.06$ 时的比值最大为 2.33；光面护壁爆破时，光爆层裂纹总长度随着不耦合系数的增大而增大，围岩裂纹总长度随着不耦合系数的增大而减小。当不耦合系数 $K=2.06$ 时光爆层裂纹总长度与围岩的裂纹总长度比值 A23 值最大为 2.93。

5.4.4　护壁套管的护壁作用分析

根据前文试验，光爆层（Ⅰ区）微裂纹半径与围岩（Ⅱ区）微裂纹半径、最长主裂纹长度和裂纹总长度之比分别为 A21、A22、A23，绘制 A21、A22、A23 与不耦合系数之间的关系曲线如图 5-15 所示。

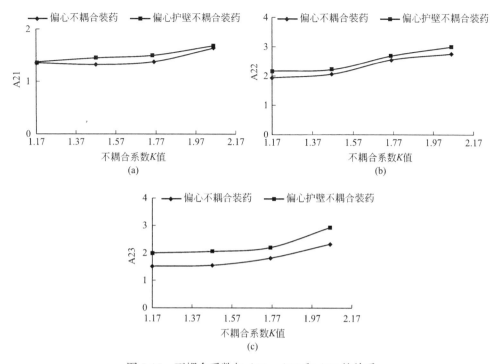

图 5-15 不耦合系数与 A21、A22 和 A23 的关系
(a) 不耦合系数与 A21 的关系；(b) 不耦合系数与 A22 的关系；(c) 不耦合系数与 A23 的关系

无论是光面爆破还是光面护壁爆破，A21、A22、A23 始终大于 1，即对光爆层（Ⅰ区）的损伤破坏大于围岩（Ⅱ区）；在两种不同的装药结构时，A21、A22、A23 随不耦合系数 K 值的增大呈上升趋势，在 $K=2.06$ 时，取得最大值。因此，当 $K=2.06$ 时，围岩能够获得最少破坏，同时光爆层出现最大破坏。

由图 5-15 可知，A21、A22 和 A23 的大小顺序为：A21＜A23＜A22，即光爆层（Ⅰ区）微裂纹半径与围岩（Ⅱ区）微裂纹半径＜光爆层（Ⅰ区）裂纹总长度与围岩（Ⅱ区）裂纹总长度＜光爆层（Ⅰ区）最长主裂纹长度与围岩（Ⅱ区）最长主裂纹长度。这是因为顶板孔耦合于光爆层，自由面对裂纹扩张有促进作用，有利于最长裂纹的扩展，而自由面对微裂纹区平均半径的影响很小。

5.5 本章小结

本章以有机玻璃为介质，通过对顶板孔和边墙孔光面爆破和光面护壁爆破裂纹扩展的研究，得出以下结论：

（1）边墙孔光面爆破和光面护壁爆破中，装药不耦合系数为 1.76 时，光爆层与围岩的微裂纹区平均半径、最长主裂纹长度和裂纹总长度的比值最大，其值分别为 1.47、1.77、1.66 和 1.61、1.90、1.95。

（2）顶板孔光面爆破和光面护壁爆破中，装药不耦合系数为 2.06 时，光爆层与围岩的微裂纹区平均半径、最长主裂纹长度和裂纹总长度的比值最大，其值分别为 1.64、2.76、2.33 和 1.59、3.00、2.93。从比值差可以看出顶板孔光面爆破有利于破碎光爆层，同时减少对围岩的破坏。

（3）光面护壁爆破光爆层与围岩的微裂纹区平均半径、最长主裂纹长度和裂纹总长度的比值皆大于光面爆破。因此，护壁套管能够控制裂纹的形成与扩展。

（4）试验表明，边墙孔光面护壁爆破对围岩的保护效果要强于顶板孔。

第6章 裂隙岩体隧道周边孔爆破裂纹扩展控制技术

本章通过数值模拟分析了不同形状导向孔对双孔爆炸裂纹的导向作用，在此基础上，通过试验研究了护壁爆破技术对裂纹扩展的控制作用，将偏心不耦合结构和护壁结构相结合，进行偏心不耦合装药护壁爆破试验，控制围岩侧爆生裂纹的扩展，同时通过超动态应变测试系统，对比不同材质护壁套管对爆炸加载时模型所受爆炸应力大小的影响，优选效果较好的护壁套管。通过护壁爆破理论与试验相结合，分析护壁爆破的特性，为裂隙岩体爆破设计和施工提供参考。

6.1 爆炸荷载下导向孔对双孔爆炸裂纹扩展影响数值模拟

导向孔是光面爆破炮孔之间形成平整开裂面的一种方法，本节通过数值模拟开展不同形状导向孔的导向研究。

6.1.1 数值模拟方法

本章以 PMMA 薄板为爆炸介质，采用铵油炸药作为爆源，开展爆炸荷载下动态裂纹起裂与扩展的数值模拟研究。在模拟过程中，材料本构模型、状态方程及其物性参数是保证模拟结果可靠与准确的关键因素之一，因此，在双孔爆炸裂纹模拟之前，对单孔爆炸裂纹进行了模拟，其目的在于检验所选用的本构模型、状态方程及其物性参数的取值合理性。

1. 材料模型

1) PMMA

PMMA 作为脆性材料，其状态方程与本构模型分别采用线性状态方程和 JH-2 模型，其中线性状态方程表达式为：

$$P = K\left(\frac{\rho}{\rho_0} - 1\right) \tag{6-1}$$

式中 P——爆压；

K——材料体积模量；

ρ/ρ_0——爆炸过程中当前密度与初始密度的比值。

JH-2 模型表达式及其相关描述可参见相关文献，此处不再赘述。为更好地描述 PMMA 在爆炸作用下的裂纹扩展现象，在 JH-2 本构模型的基础上引入了拉伸断裂软化模型，该模型主要用于改善脆性材料失效后期响应，其表达式如下：

$$G_f = \frac{K_{IC}^2}{E} \tag{6-2}$$

式中　G_f——材料断裂能量；

K_{IC}——裂纹断裂韧性；

E——弹性模量。

PMMA 涉及的关键参数见表 6-1 和表 6-2。

PMMA 材料基本参数　　　　　　　表 6-1

密度 ρ (kg/m³)	泊松比 v	动态弹性模量 E_d(Pa)	动态剪切模量 G_d(Pa)	动态体积模量 K_d(Pa)	纵波速度 C_p(m/s)	横波速度 C_s(m/s)
1190	0.31	6.1×10^9	2.328×10^9	5.35×10^9	2320	1260

PMMA 材料强度参数　　　　　　　表 6-2

动态拉伸强度 σ_T(Pa)	动态剪切强度 τ_c(Pa)	断裂能量 G_c(J/m²)
5×10^7	9×10^7	133

表 6-2 中的断裂能量为 133J/m²，来自参考文献（X. Yang，2018）；Zhou 等给出了 PMMA 的拉伸强度和压缩强度分别是 55MPa 和 130MPa；Liu 等认为 PMMA 的拉伸强度与剪切强度之比为 0.5~1.0 之间。文献给出的拉伸强度为 45MPa，考虑到 Zhou 等给出的拉伸强度为 55MPa，因此本文取其中间值，即 50MPa。根据拉伸强度与剪切强度比值范围，取剪切强度为 90MPa，其比值为 50/90=0.56，位于 0.5~1.0 范围内。拉伸强度与剪切强度取值的合理性将在后面裂纹扩展效果中进行验证。

2）炸药

炸药采用铵油炸药（ANFO），由 JWL 状态方程进行描述，其表达式为：

$$P = A\left(1 - \frac{\omega}{R_1 V}\right) e^{-R_1 V} + B\left(1 - \frac{\omega}{R_2 V}\right) e^{-R_2 V} + \frac{\omega e}{V} \tag{6-3}$$

式中　　　　P——爆压；

e——爆炸产物初始内能；

V——爆炸相对体积；

A、B、R_1、R_2、ω——常数，具体取值见表 6-3。

ANFO 的 JWL 状态方程参数　　　　　　　表 6-3

密度 ρ (kg/m³)	爆速 D (m/s)	C-J 压力 (Pa)	A (Pa)	B (Pa)	R_1	R_2	ω
931	4160	5.15×10^9	49.46×10^9	1.891×10^9	3.907	1.18	0.333

2. 数值模型

如图 6-1 所示，不同炮孔间距 L 下双孔爆炸裂纹扩展的数值模拟工作分为三种情况：无导向孔、普通导向孔（空孔）和切槽导向孔。有限元模型尺寸为长 90cm×宽 60cm×厚 0.5cm，分别对应 x、y 和 z 轴，炮孔、空孔与切槽孔均布置在 $y=30$cm 的水平轴线上，空孔与切槽孔的圆心坐标为模型正中心，炮孔以 $x=45$cm 为对称轴，布置在空孔或切槽孔左右两侧。炮孔直径皆为 1.5cm，炮孔间距为 L，分别为 7.0cm、9.0cm、11.0cm、13.0cm 和 15.0cm；在图 6-1（b）中，空孔直径 R 分别为 1.0、1.5 和 2.0cm，图 6-1（c）中切槽深度 D 为 2.0cm；采用不耦合装药，炸药直径为 1.2cm，不耦合系数为 1.25。模型采用 LS-DYNA 前处理器建模，网格大小为 1mm，采用扫掠方法离散化模型，其中炸药含 356 个网格，PMMA 网格数量因炮孔距离、导向孔类型而异，其数量处于 61 000～65 000 之间，如图 6-2 所示。此外，起爆方式为双孔同时起爆，模型四周设为自由边界条件，计算时间为 120μs。

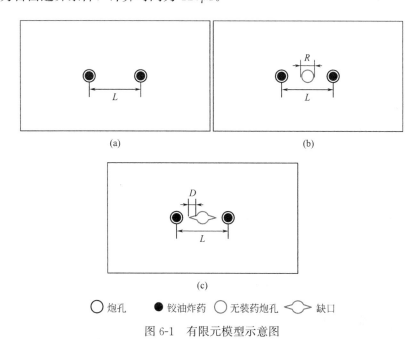

图 6-1　有限元模型示意图

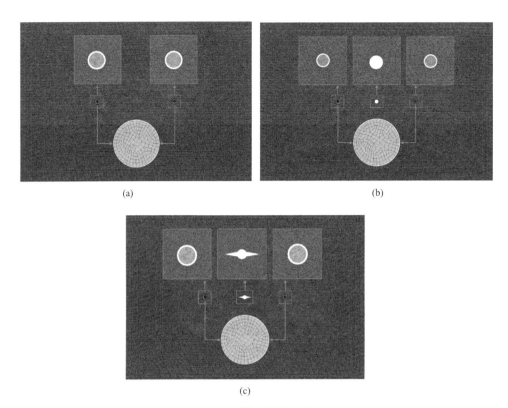

图 6-2 模型网格生成

6.1.2 结果分析与讨论

1. 单孔爆炸裂纹扩展过程

为更好地研究双孔爆炸裂纹扩展规律,首先采用单孔爆炸裂纹扩展模拟验证 PMMA 物性参数。单孔爆炸裂纹模拟模型为圆环形状,其中内、外部直径分别为 0.6cm 和 30cm,厚度 0.1cm,炸药直径 0.4cm。模型外部设为自由边界条件。

图 6-3 和图 6-4 分别给出了单孔爆炸裂纹扩展与爆炸压力的演化过程。当 $t=5\mu s$ 时,炸药爆炸后,释放出大量能量,径向压缩 PMMA 介质,引起剪切变形,并在炮孔壁周围产生粉碎区,如橙色区域所示。当 $t=15\mu s$ 时,炮孔周围粉碎区几乎不再增长,并产生了较短的径向裂纹。从图 6-3 中压力云图可知,由于应力波传播速度远大于裂纹扩展速度,冲击波传播后,介质发生扰动,在裂纹尖端产生负压区,从而在拉应力作用下引起裂纹扩展。当 $t=20\mu s$ 时,结合压力云图,可知裂纹在拉伸应力作用下进一步向外扩展。当 $t=50\mu s$ 时,应力波接近传播至模型边界,裂纹尖端仍然呈现负压区域,因此爆炸裂纹继续扩展。当 $t=70\mu s$ 时,应力波已经发生反射,并在边界附近产生了一圈环向裂纹,对应着在压力云

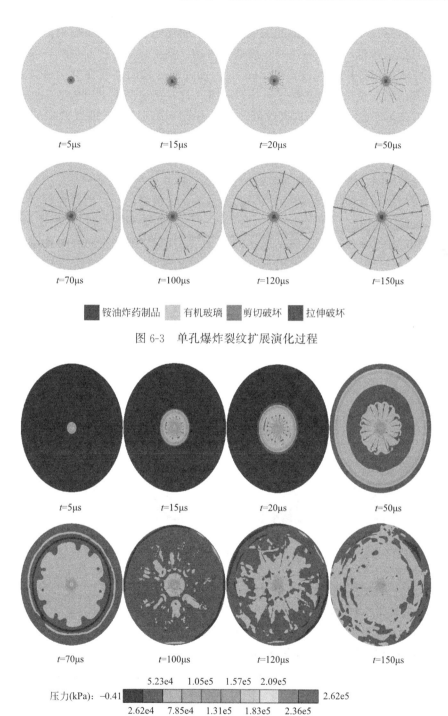

图 6-3 单孔爆炸裂纹扩展演化过程

图 6-4 单孔爆炸压力演化过程

图中的青色圈；而青色圈内部的深蓝色圈则表明环向裂纹是由于反射拉伸断裂产生的，且该深蓝色负压圈将进一步朝炮孔传播，将引起之前径向裂纹在拉伸应力波作用下继续向外扩展。当 $t=100\mu s$ 时，发现部分径向裂纹在裂尖分叉，分叉裂纹与其他径向裂纹继续扩展了一小段长度，且在径向裂纹上出现了一些环向裂纹，但并未再形成完整的环向裂纹圈，在压力云图上仍可以发现裂尖存在负压区。当 $t=120\mu s$ 和 $150\mu s$ 时，径向裂纹抵达、甚至越过了环向裂纹圈，且左下角两条圈外径向裂纹贯穿了模型边界，两个时刻云图主要呈现低压区和负压区，后者是裂纹再次扩展的原因。这说明爆炸裂纹经历了扩展、停止与再扩展的过程。

为更好地验证本书数值模拟结果的可靠性，定量对比了其他数值模拟与试验结果，如图 6-5 所示。在图 6-5 中，（a）表示 Banadaki 和 Mohanty 采用 Autodyn 软件模拟的单孔爆破裂纹扩展结果，（b）表示 Banadaki 对花岗岩单孔爆破的试验结果，（c）表示 Zhu 等采用 Autodyn 软件模拟的单孔裂纹扩展结果。对比图 6-3 和图 6-5，发现本文模拟结果出现了压缩区、裂隙区，且压缩区外侧出现了微裂纹，裂隙区出现了主裂纹、环向裂纹（或层裂裂纹），这些均与图 6-5 中的试验和模拟结果基本一致。因此，一方面可以说明 PMMA 材料参数的合理性，另一方面也表明模拟结果的可靠性，这为后面双孔裂纹扩展模拟奠定了坚实基础。

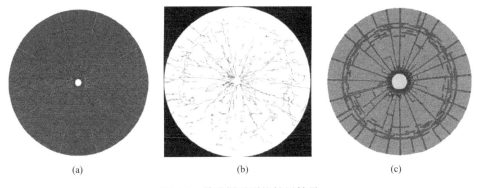

图 6-5 单孔爆破裂纹扩展结果

2. 双孔裂纹扩展

1）无空孔的裂纹扩展

图 6-6 表示孔距 $L=11cm$ 双孔爆炸裂纹扩展与压力演化过程。$t=10\mu s$ 时，双孔爆炸后冲击波造成孔壁环向产生了粉碎区；$t=30\mu s$ 时，冲击波继续朝外传播，裂尖处在拉伸应力作用下扩展，在裂纹扩展图上已产生了径向裂纹。$t=40\mu s$ 时，两压缩应力波接近相遇，径向裂纹继续扩展。$t=50\mu s$ 时，应力波相遇后继续向前传播，在应力波叠加处，压应力增强，相比 $t=40\mu s$ 时，裂纹扩展缓慢。$t=70\mu s$ 时，随着应力波外扩，叠加处逐渐分别上下移动，裂纹则继续径向扩展。$t=90\mu s$ 时，两应力波波阵面扩展至对方炮孔附近，两应力波交叉部分出

现负压区域,诱发左右炮孔的主裂纹相向扩展,接近水平的两条主裂纹已扩展至对方裂隙区域,然而并没有相遇,呈现一上一下现象。杨仁树等在 PMMA 的定向双孔爆炸试验中也发现了该现象。$t=110\mu s$ 和 $120\mu s$ 时,随着压力减小,爆炸裂纹基本上止裂。

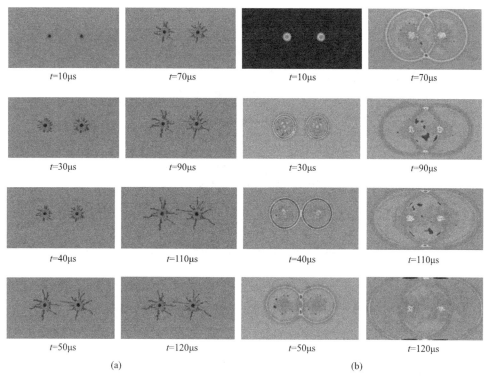

图 6-6 孔距 $L=11cm$ 时双孔爆炸裂纹扩展与压力演化过程
(a) 爆破裂缝扩展;(b) 压力演化过程

图 6-7 给出了不同孔距 L 下爆炸裂纹扩展结果。$L=7cm$ 时,当压缩应力波朝对方炮孔传播,由于孔间距较小,达到对方炮孔附近的压缩应力波强度较大,这易对在炮孔连心线侧爆炸裂纹的起裂和扩展具有抑制作用,因此裂纹数量相对较少、长度较短。当两压缩应力波相互叠加后,其叠加部分产生的负压区域,即拉伸应力波,使得已有径向裂纹继续扩展,并相互贯通。$L=9cm$ 和 $11cm$ 时,炮孔连心线侧的主裂纹虽然可以扩展至对方炮孔裂隙区域,但主裂纹并没有相遇,都呈现一上一下的错开效果。$L=13cm$ 时,炮孔连心线侧的主裂纹变长,勉强可以扩展至对方裂隙区域,但两主裂纹的垂直间隔距离较大。$L=15cm$ 时,尽管主裂纹较长,但不能再扩展至对方裂隙区域。上述现象表明,随着 L 增大,炮孔裂纹呈现贯穿、延伸彼此裂隙区域到不能扩展至彼此裂隙区域,即 L 增大不利于裂纹贯穿,但利于主裂纹扩展。

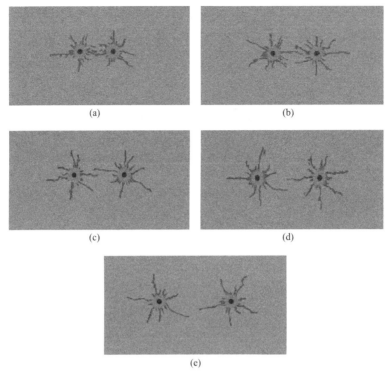

图 6-7 无空孔情况下孔距 L 对裂纹扩展的影响
(a) $L=7$cm;(b) $L=9$cm;(c) $L=11$cm;(d) $L=13$cm;(e) $L=15$cm

2)空孔及其大小对裂纹扩展的影响

如图 6-8 所示,以孔距 $L=15$cm 和空孔直径 $R=1.0$cm 时双孔爆炸裂纹扩展为例,分析空孔对爆炸裂纹扩展的影响。$t=40\mu s$ 时,双孔的粉碎区已经形成,并在粉碎区外侧出现了较短的径向裂纹。$t=70\mu s$ 时,径向裂纹扩展,并出现了分叉现象,空孔上下侧出现剪切破坏。$t=80\mu s$ 时,空孔左右侧因拉伸应力作用,出现两条拉伸裂纹;$t=90\mu s$ 时,拉伸裂纹沿炮孔方向扩展,并在 $t=100\mu s$ 时与左侧炮孔连心线方向的径向裂纹贯穿,虽然空孔右侧的拉伸裂纹在 $t=120\mu s$ 时扩展至右侧炮孔裂隙区,但未与径向裂纹相交。

为更好阐释空孔导向作用,并考虑到模型对称性,对紧挨空孔正上方和左侧的单元压力进行了监测,如图 6-9 所示,其中深色、浅色曲线分别表示炮孔上方、左侧的压力曲线,周边为压力云图及其空孔周围局部放大图。炸药爆炸后,两炮孔压缩应力波超空孔传播,并压缩空孔左右两侧介质,引起其上下方介质发生剪切变形。$t=50\mu s$ 时,压缩应力波已传至空孔,其上方与左侧单元压力较小,因此未引起空孔产生破坏。$t=59\mu s$ 时,炮孔上方应力达到最大,为 100.69MPa,超过了剪切失效应力,因此 $t=60\mu s$ 时炮孔上方出现了剪切失效破坏。在 $t=70\mu s$ 时剪切失效范围增大,两侧出现拉伸裂纹,表明空孔上下方的失

第6章 裂隙岩体隧道周边孔爆破裂纹扩展控制技术

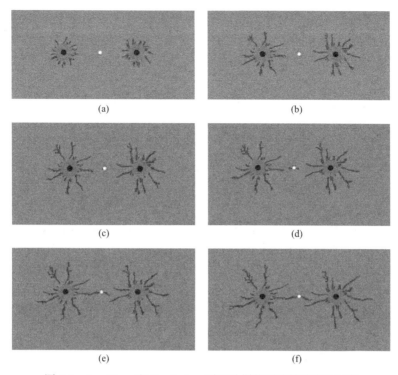

图 6-8 $L=15\text{cm}$ 和 $R=1.0\text{cm}$ 时双孔爆炸裂纹扩展演化过程
(a) $t=40\mu\text{s}$; (b) $t=70\mu\text{s}$; (c) $t=80\mu\text{s}$; (d) $t=90\mu\text{s}$; (e) $t=100\mu\text{s}$; (f) $t=120\mu\text{s}$

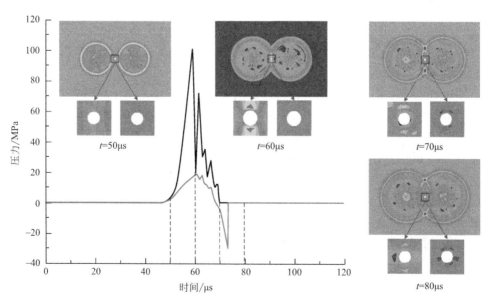

图 6-9 $L=15\text{cm}$ 和 $R=1.0\text{cm}$ 时空孔压力演化过程

效模式是先剪切失效,后拉伸失效。在 $t=60.56\mu s$ 时,空孔左侧压力达到最大,为 18.77MPa;$t=73\mu s$ 时,拉伸应力达到最大,为 29.74MPa。$t=80\mu s$ 时,空孔左右两侧均出现拉伸裂纹,左侧裂尖附近的拉伸应力诱导其与左侧炮孔主裂纹贯穿。

空孔左侧最大拉伸应力远远低于动态拉伸失效应力阈值(50MPa),然而空孔左右两侧却形成了拉伸裂纹。模拟采用 JH-2 模型,为损伤本构模型,且引入了拉伸断裂软化模型,将进一步增加损伤对材料强度的影响;而炮孔左侧先经历压缩过程,导致材料内部发生损伤,强度必然下降,并在后期拉伸应力作用下裂纹起裂,因此空孔左右两侧出现了拉伸裂纹。一旦裂纹产生,单元将视为损伤、失效,失效的单元无法再承受力的作用,故压力曲线值为零。同时,这表明了 JH-2 损伤本构模型搭配拉伸断裂软化模型可以较好地模拟裂纹扩展效果。

图 6-10 表示不同空孔尺寸下爆炸裂纹扩展结果。当 $L=7\sim 9$cm 时,空孔附近都出现了环向裂纹,甚至有些模型还出现了双层环向裂纹,如 $R=1.0$cm 的(a),$R=2.0$cm 的(b),$R=3.0$cm 的(a)和(c)模型。环向裂纹的产生是拉伸应力波产生的,若拉伸应力波强度较大,则会产生双层环向裂纹,如 $R=1.0$cm 的(a),$R=3.0$cm 的(c)模型。当 $L=7$cm 时,炮孔主裂纹皆与空孔附近产生径向、环向裂纹贯穿。当 $L=9$cm 时,在 $R=1.0$cm 的(b)模型中,炮孔与空孔的裂纹没有贯穿,只是延伸到对方裂隙区内,而其余两个模型左右炮孔主裂纹都与空孔贯通。当 $L=11$cm 时,三个模型均只有单侧炮孔与空孔的裂纹相交;$L=13$cm 时,$R=1.0$ 和 1.5cm 的(d)模型未发现裂纹相交情况,只在 $R=2.0$cm 的(d)模型中发现左侧炮孔主裂纹与空孔裂纹连接。$L=15$cm 时,$R=1.0$ 和 1.5cm 的(e)模型发现左侧炮孔与空孔的裂纹存在相交情况,而 $R=2.0$cm 的(e)模型中相交情况却出现在右侧。

从图 6-10 的模拟结果而言,可以看出:$L=7$cm 时,空孔附近破碎较严重,细小裂纹较多,裂纹之间易交叉和连接,空孔导向作用明显,并未体现出空孔尺寸效应。$L=9$cm 时,相比 $R=1.0$ 的图 6-10(b)模型,$R=1.5$ 和 2.0cm 的图 6-10(b)模型皆存在裂纹贯穿现象,意味着较大尺寸的空孔具有更强的导向作用。在 $L=13$cm 时也发现类似的情况,即 $R=2.0$cm 的图 6-10(d)模型左侧炮孔与空孔的裂纹贯穿。$L=11$cm 和 15cm 时,所有模型均存在一侧裂纹相互贯穿情况,其原因可能为一方面孔间距 L 增大,裂纹扩展空间变宽,在对侧压缩应力波和空孔反射拉伸应力波未达到已有裂纹之前,利于主裂纹扩展;另一方面,在压缩应力波和拉伸应力波共同作用时,促进了炮孔径向裂纹、空孔裂纹的相向扩展,有助于裂纹相互贯穿。整体而言,$R=2.0$cm 时所有模型均在空孔一侧或两侧出现了裂纹贯穿现象,这表明较大的空孔尺寸对空孔导向效应具有加强作用。该结论也被张召冉等在空孔尺寸对裂纹扩展影响的研究中证实。

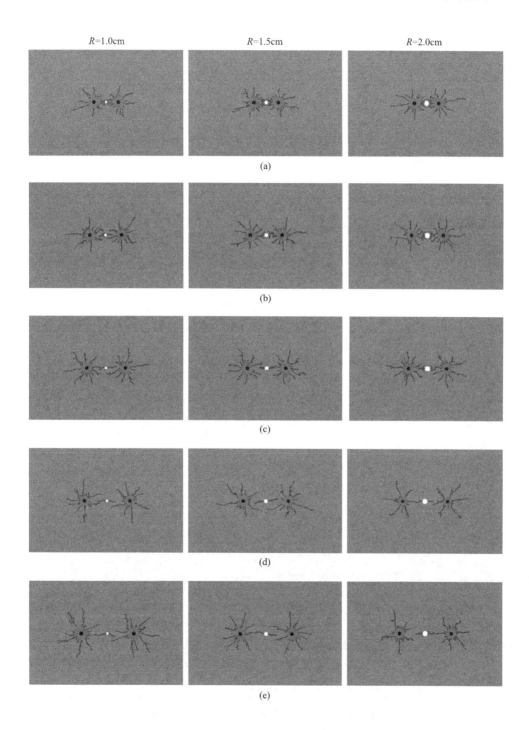

图 6-10 空孔尺寸对裂纹扩展的影响

(a) $L=7$cm;(b) $L=9$cm;(c) $L=11$cm;(d) $L=13$cm;(e) $L=15$cm

3) 含切槽空孔对裂纹扩展的影响

图 6-11 给出了 $L=13\mathrm{cm}$ 时炮孔主裂纹与切槽孔裂纹相互贯穿的演化过程,图 6-11 表示空孔左侧切槽尖端压力演化过程。$t=30\mu s$ 时,炮孔粉碎区已形成,并产生了较短的径向裂纹。$t=60\mu s$ 时,径向裂纹增长,炮孔连心线上两条主裂纹朝切槽空孔方向扩展,且切槽尖端处于压缩状态,无拉伸裂纹起裂条件。$t=80\mu s$ 时,一方面压缩应力波传播之后,介质迅速呈现拉伸状态,另一方面压缩波在切槽尖端反射也使得其附近区域处于拉伸状态,由于切槽几何形状特征而产生拉伸应力集中,导致了尖端裂纹已起裂,压力曲线中的负压值,证实了尖端裂纹的应力状态。随着时间的推移,$t=90\mu s$ 时,左右两条主裂纹、切槽两条裂纹分别继续相向扩展,这加快了裂纹贯穿的速度;切槽空孔左侧方向的两条裂纹尖端距离较近,基本上快迎面相碰,而右侧方向的炮孔主裂纹弯曲向下,两裂纹尖端距离较大;在压力云图上,右侧切槽裂纹尖端处于拉伸状态,表明该裂纹将继续扩展。$t=100\mu s$ 时,左侧两主裂纹完成相互贯穿,不再继续扩展,发生了止裂;而右侧切槽裂纹尖端区域在压力云图上仍为拉伸状态,因此裂纹向下弯曲扩展,并在 $t=110\mu s$ 时刻与左侧炮孔主裂纹完成了相互贯穿,压力云图上裂纹尖端不再出现拉伸状态。

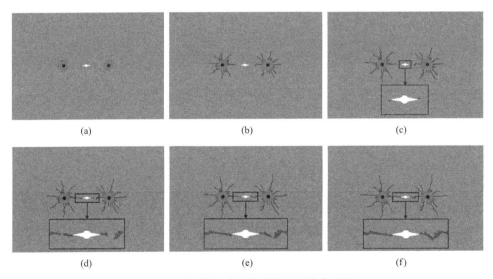

图 6-11 切槽空孔引导裂纹扩展演化过程
(a) $t=30\mu s$;(b) $t=60\mu s$;(c) $t=80\mu s$;(d) $t=90\mu s$;(e) $t=100\mu s$;(f) $t=110\mu s$

在裂纹扩展与贯穿过程,炮孔主裂纹先扩展,然后是切槽裂纹后扩展,并在中间某个位置迎面贯穿。从应力波与裂纹扩展的相互作用而言,压缩应力波向外传播后,波后介质很快呈现拉伸状态,径向裂纹在拉伸应力作用下向外扩展。当切槽尖端先呈现压缩状态,后表现为拉伸状态,在达到拉伸断裂条件下,切槽尖端处裂纹起裂,并基本上沿着炮孔连心线方向扩展。连心线上的主裂纹扩展至一定长度后,停止扩展;而切槽裂纹主动扩展,实现了裂纹相互贯穿。在贯穿方式上,切槽空孔左侧两裂纹基本上水平贯穿,而右侧则表现为弯曲贯穿,这表明裂纹的贯穿方式并不唯一。

上述讨论了在 $L=13\text{cm}$ 情况下裂纹贯穿情况,但当 L 较小或者较大时,裂纹贯穿机制是否发生变化。为此,针对不同 L 下切槽空孔对裂纹贯穿演化过程的影响开展了进一步研究,如图 6-12 所示。

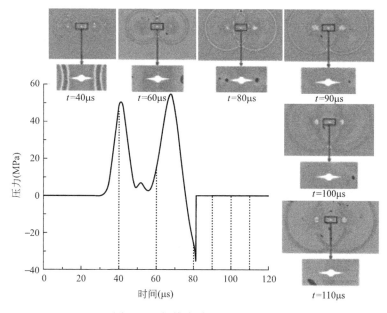

图 6-12 切槽尖端压力演化过程

当 $L=7\text{cm}$ 时,炮孔连心线上裂纹很短,一方面由于扩展空间有限,另一方面因为对侧炮孔压缩应力对裂纹扩展存在抑制作用。尽管切槽尖端有裂纹起裂,但基本上没有扩展;炮孔主裂纹主动与切槽空孔上下方的剪切裂纹贯穿。当 $L=9\text{cm}$ 时,在切槽空孔左侧,炮孔主裂纹直接水平贯穿切槽尖端,而在右侧,炮孔主裂纹与切槽尖端刚起裂、未扩展的裂纹贯穿。当 $L=11\text{cm}$ 时,在左侧切槽尖端裂纹主动与炮孔主裂纹贯穿,而右侧切槽尖端裂纹扩展至炮孔裂隙区,由于连心线裂纹较短而没有贯穿。当 $L=15\text{cm}$ 时,连心线上炮孔裂纹、切槽尖端裂纹都较短,根本无法贯穿,可见适当的 L 值是保障裂纹贯穿的基本条件,如图 6-13 所示。

6.1.3 裂纹贯穿机制的探讨

前面开展了不同孔距 L 下无空孔、空孔与切槽空孔对双孔爆炸裂纹扩展的详细研究,发现空孔裂纹贯穿机制存在一定的区别,因此下面将简单探讨裂纹贯

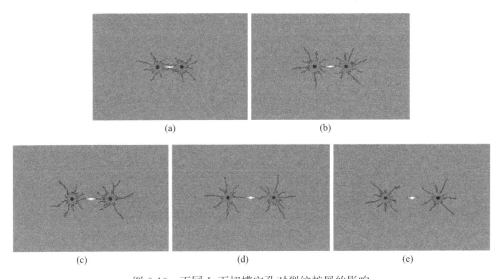

图 6-13 不同 L 下切槽空孔对裂纹扩展的影响

(a) $L=7$cm; (b) $L=9$cm; (c) $L=11$cm; (d) $L=13$cm; (e) $L=15$cm

穿机制。

1. 无空孔情况

从裂纹扩展结果而言，$L=7$cm 时裂纹在炮孔之间存在贯穿现象，属于拉伸-拉伸裂纹相互主动贯穿，$L=9\sim13$cm 时裂纹只是扩展至对方裂隙区，$L=15$cm 时两个炮孔裂纹单独扩展，即孔距 L 增大不利于裂纹贯穿。从应力波角度而言，压缩应力波在炮孔连心线中间位置相遇，叠加后的炮孔连心线上呈现压缩状态，上下区域部分呈现拉伸状态，因此导致了裂纹错开扩展，呈现一上一下现象。可见，应力状态是决定裂纹贯穿的重要影响因素。

2. 空孔情况

相比无空孔情况下裂纹贯穿结果，含空孔的裂纹贯穿情况明显较好，其原因为：一是空孔具有应力集中效应。空孔四周均呈现先压缩后拉伸的应力状态，其上下方先因压缩发生剪切破坏，后呈现拉伸破坏，而其左右方只发生拉伸破坏，即在连心线上由无空孔的压缩状态变为空孔附近的拉伸状态。二是空孔缩短裂纹贯穿距离。炮孔径向裂纹扩展一定长度后，就停止了扩展，较小孔距时为径向-环向拉伸裂纹的贯穿，表现为炮孔径向裂纹主动贯穿环向裂纹，较大孔距时为径向拉伸-拉伸裂纹贯穿，表现为空孔拉伸裂纹主动与已扩展的炮孔径向主裂纹贯穿，属于拉伸-拉伸裂纹贯穿类型。空孔产生的拉伸裂纹桥接了炮孔主裂纹，明显缩短了无空孔情况下主裂纹贯穿距离。三是空孔尺寸效应有助于裂纹贯穿。在保持 L 一定的情况下，大直径空孔一方面具有较强的应力集中效应，即有助于空孔壁处反射的拉伸应力波强度增加，导致空孔左右方向产生一到二层环向裂纹，缩短了炮孔主裂纹与空孔贯穿距离，其贯穿方式为炮孔主裂纹主动与环向裂纹贯穿；另一方面缩短了裂纹贯穿距离，但效果并不明显。

3. 切槽空孔情况

整体而言，对比无空孔、空孔裂纹扩展结果，含切槽空孔的模型裂纹贯穿结果最好。切槽空孔加强了在槽尖处应力集中效应，进一步缩短了裂纹贯穿距离，促进了裂纹贯穿。$L=7cm$ 时贯穿位置位于切槽空孔上下方，炮孔径向拉伸裂纹主动与切槽空孔剪切裂纹贯穿；$L=9cm$ 时，径向裂纹直接贯穿切槽空孔；$L=11\sim13cm$ 时切槽裂纹主动贯穿已扩展一定长度的径向裂纹。从裂纹扩展与贯穿过程可以发现，随着 L 增大，裂纹贯穿机制发生了改变，包括：一是贯穿位置的变化，从切槽空孔上下方变为左右切槽尖端；二是贯穿裂纹类型的变化，从拉伸-剪切裂纹的贯穿变为拉伸-拉伸裂纹的贯穿；三是贯穿方式的改变，从炮孔主裂纹直接贯穿变为切槽裂纹主动与主裂纹相向迎面贯穿。

6.1.4 结论

1) 单孔爆炸再现了粉碎区和裂隙区，产生了径向与环向裂纹，实现了裂纹起裂、扩展、分叉与止裂的整个动力学演化过程，验证了线性状态方程、JH-2本构模型与拉伸断裂软化模型耦合及其物性参数在有机玻璃爆炸裂纹扩展中的适用性，为双孔爆炸裂纹扩展模拟奠定了坚实基础。

2) 空孔对爆炸裂纹的导向作用主要体现在两方面：应力集中效应和空孔缩短裂纹贯穿距离。当孔距一定时，空孔直径与反射应力波强度成正比，空孔尺寸效应在一定范围内有助于裂纹贯穿。

3) 在爆炸裂纹定向扩展方面，切槽空孔导向作用最强，空孔次之，无空孔最差。

4) 裂纹贯穿机制体现在三方面，即贯穿位置、贯穿裂纹类型与贯穿方式，与孔距、有无空孔、空孔类型等因素密切相关。

6.2 隧道光面护壁爆破对裂纹扩展控制试验

裂隙岩体隧道周边孔爆破时，在炮孔之间添加空孔、切槽孔等导向孔，能够提高孔间贯通裂纹的形成，有利于形成平整的爆破开裂面，但无法降低爆炸能量对围岩的破坏，因此开展隧道周边孔光面护壁爆破相关试验是有必要的。

6.2.1 试验方案设计

本章试验模型仍采用有机玻璃，模型尺寸为 $400mm\times400mm\times5mm$，如图 6-14 所示，在模型中心位置预制一个长 60mm、宽 2mm 的人工裂隙。在距人工裂隙右端 40mm 的圆弧上预制一个炮孔（周边孔），炮孔直径为 13mm，不耦合系数取 1.67。试验分 A、B、C 三组，A 组试验以无护壁套管偏心不耦合作对照组，分析偏心结构对围岩侧和光爆层侧裂纹扩展的影响。B、C 两组试验添加不同材质的护壁套管进行偏心护壁爆破，护壁套管分别为 PVC 塑料管和聚脲半圆管，护壁半圆管厚度为 1mm。

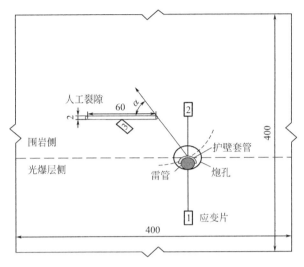

图 6-14　试验模型示意图（单位：mm）

根据裂缝扩展模型试验结论，围岩内存在平行方向的裂隙时，应力波不宜垂直入射裂隙，$\alpha>90°$ 后会出现较大爆炸空腔，爆炸能量过大，$\alpha<45°$ 模型主裂纹长度较小，作用于裂隙介质的爆炸能量较小，为得到裂隙介质爆破合适的入射角范围，同样通过改变炮孔位置来改变应力波入射角 α，α 取 $45°$、$60°$、$75°$、$90°$。

每个模型同样以 1 发 8 号工业电雷管进行爆炸加载，以过炮孔中心的线将试件分为围岩侧和光爆层侧。同时在护壁套管上下两侧相同距离分别贴 1、2 号两应变片进行对照，3 号测点贴在人工裂隙中部。通过应变测试，研究偏心不耦合护壁爆破时，不同材质护壁套管对裂隙介质的影响，对比各组模型护壁爆破的效果，优选护壁套管材质。

6.2.2　测试系统及原理

本次试验使用江苏东华测试生产的 DH5960 超动态信号测试分析系统，此测试系统主要由数据采集仪、内置应变放大系统、恒压源、计算机、信号传输线、应变片等组成，如图 6-15 所示，采集记录仪内置多功能适调器，可完成应力应变、电压及 IEPE 等信号的测试；外置适调器，可完成电荷（差分和单端）、电流、电阻值等信号的测试。频响范围 DC～1MHz，可以测量更多冲击爆炸试验所需的特殊宽频。系统主要技术指标见表 6-4。

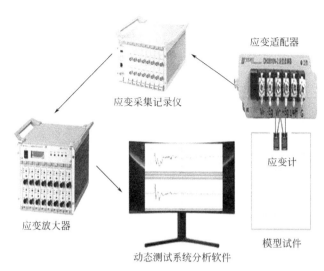

图 6-15 动态应变测试系统

DH5960 信号测试分析系统技术指标　　　　　　　　　　表 6-4

指标项	参数	指标项	参数
电压量程	±20mV±10V 多挡切换	瞬态记录延时深度	0～8191k 数据点任意设置
应变量程	±100000$\mu\varepsilon$	电压示值误差	<±0.5%FS
桥路方式	三线制 1/4 桥	应变示值误差	<±0.5%/±3$\mu\varepsilon$
连续采样速率	最高 1MHz/通道，分挡切换	存储深度	瞬态记录:1～8192k B 任意设置;连续记录:储存深度由计算机剩余容量

电阻应变片结构主要有敏感栅、引线和基底，是本试验采集数据的核心材料，如图 6-16 所示，敏感栅称作电阻应变片的"心脏"，它是由金属丝或者半导体材料制作而成的栅状体，在爆炸过程中敏感栅会随着介质受到的应变而变形，从而导致其自身的电阻发生改变。试验采用浙江黄岩测试仪器厂生产的型号为 BX120-3AA 应变片，其性能参数见表 6-5。

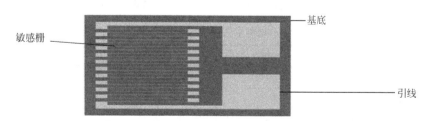

图 6-16 电阻应变片结构图

应变片性能参数　　　　　　　表 6-5

应变片性能指标	参数	应变片性能指标	参数
电阻值(Ω)	120±0.1	供电电压(V)	3~10
灵敏系数(%)	2.08±1	基地材质	缩醛树脂
栅长×栅宽(mm)	3×2	丝栅材质	康铜
基长×基宽(mm)	6.6×3.2	热输出	$\mu m/m\,^{\circ}\!C^{-1}$

6.2.3 护壁套管制作

护壁套管材质不同，爆炸应力波传播、爆生裂纹扩展过程也会不同。目前在爆破现场选用的护壁材料为 PVC 管，PVC 塑料管是非脆性材料，自身具有一定的强度和抗拉能力。爆轰产物作用时，套管内壁对爆炸产物有一定的抵消作用。

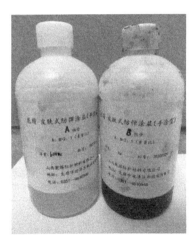

图 6-17　聚脲组分

本次试验中选用的 PVC 塑料管外观呈白色，密度为 $1.38g/cm^3$，厚度 1mm，长 60mm，成型收缩率 0.1%~0.5%，拉伸模量 3.3GPa，泊松比 0.3，抗拉强度 45~50MPa。PVC 对光和热稳定性较低，且根据 2017 年世界卫生组织国际癌症研究机构鉴定的致癌物列表，聚氯乙烯这种聚合物就"榜上有名"。因此，有必要寻求一种新的材料来替代 PVC 塑料管。

近年来，聚脲材料逐渐推广应用于军事抗爆防护结构中，聚脲（polyurea，PU）为弹性体聚合物的一类，由异氰酸酯组分（A 组分）和合成树脂混合组分（B 组分）逐步聚合反应而成，如图 6-17 所示。作为一种新的聚合材料，其具有减小动态荷载下结构破坏和毁伤的特性，广泛运用在抗弹、加固防爆墙、装甲防护领域中，聚脲作为一种新型抗爆材料，性价比高，本节研究其用户护壁套管的可行性。通过模具制作聚脲半圆管，其物理力学性能参数见表 6-6。

聚脲半圆管性能参数　　　　　　　表 6-6

性能指标	参数	性能指标	参数
密度(g/cm³)	1.1	凝胶时间(min)	10
拉伸强度(MPa)	27	断后延伸率(%)	200
撕裂强度(N/mm)	160	耐冲击性(kg·m)	1
邵氏硬度(D)	68		

PVC 半圆塑料管和聚脲半圆管（厚度均为 1mm）外观如图 6-18 所示。试验前将护壁套管与雷管用胶水粘结好，加工好的药包如图 6-19 所示。

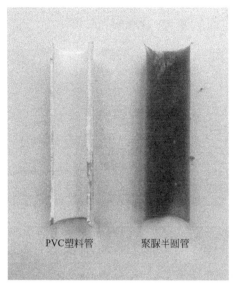

图 6-18　2 种不同材质护壁套管

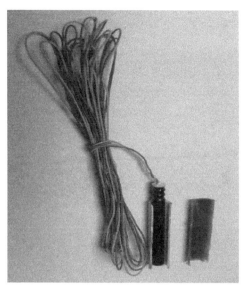

图 6-19　护壁装药结构图

6.2.4　试验步骤

试验步骤与第 5 章试验相同，爆炸加载前增加了在有机玻璃板上粘贴应变片和连接超动态应变信号采集系统等步骤。有机玻璃模型表面足够光滑平整，因此不必打磨。应变片粘贴前，应使用万用表检测应变片阻值，然后用酒精擦拭应变片基底，同时擦拭干净有机玻璃模型上应变片粘贴的位置。待酒精完全蒸发后，滴上胶水准确粘贴应变片。粘贴后将引线与端子焊接起来，焊接时应控制温度，避免应变片被烧坏，最后再用万用表检测焊接效果，焊接完成后用透明胶带将应变片、端子和导线固定在模型表面。通过导线连接超动态应变信号测试系统采集数据，比较偏心护壁时围岩侧和光爆层侧测点的应变情况。

6.2.5　护壁套管模型爆后效果

1. 无护壁套管模型爆后效果

1）模型爆后形态

进行无护壁套管偏心爆炸加载后，各模型光爆层侧都出现了不同大小的爆炸空腔，如图 6-20 所示。

A-1 和 A-2 由于入射角 α 较小，压缩应力波向炮孔远处传播并衰减，左端翼裂纹长度都仅有 3mm。入射角 α≥75°时，模型左端翼裂纹长度增大，并垂直于人工裂隙起裂一段距离后受到绕射波的影响向左发生偏转。由于围岩侧内人工裂隙反射更多的应力波，各模型围岩侧破坏程度增大，主裂纹数量同样较多，出现层裂裂纹，说明入射角并非越大越好，即应该存在一个合理的入射角。

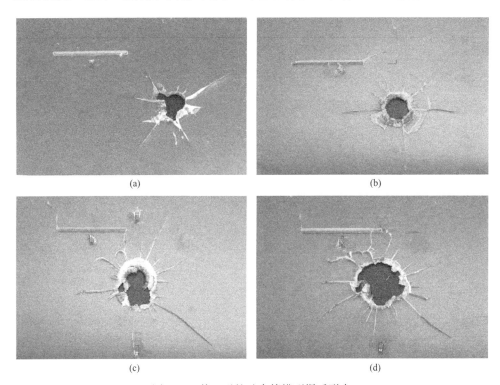

图 6-20　偏心无护壁套管模型爆后形态
（a）A-1 模型，α=45°；(b) A-2 模型，α=60°；(c) A-3 模型，α=75°；(d) A-4 模型，α=90°

2）应力波入射角对主裂纹的影响

对模型爆生裂纹长度的分析，可以得到应力波入射角 α 对裂纹扩展的影响规律。由表 6-7 可知，模型主裂纹数量和长度均随着 α 的增大而增大，这主要是由于入射角 α 增大，形成更多的反射应力波，促进主裂纹的扩展。入射角 α 从 45°增至 90°，主裂纹总长由 80mm 增大至 357mm，增加 3.5 倍，α≥75°后主裂纹数量明显增多。

爆生主裂纹统计（长度单位：mm）　　　　表 6-7

模型编号	应力波入射角 α(°)	主裂纹		
		数量	总长	均长
A-1	45	6	100	16.7

续表

模型编号	应力波入射角 α(°)	主裂纹		
		数量	总长	均长
A-2	60	6	145	24.2
A-3	75	12	272	22.7
A-4	90	15	357	23.8

将模型围岩侧和光爆层侧主裂纹的长度分别统计,见表6-8。

围岩侧与光爆层侧主裂纹长度统计(长度单位:mm) 表6-8

应力波入射角 α(°)	主裂纹总长		主裂纹均长		最长主裂纹		两侧总长比值 R_3
	围岩侧	光爆层侧	围岩侧	光爆层侧	围岩侧	光爆层侧	
45	50	50	12.5	25	30	45	1
60	55	90	13.8	45	30	40	0.61
75	121	151	17.3	30.2	40	45	0.80
90	137	220	19.6	27.5	18	30	0.62

从表6-8可知,围岩侧主裂纹总长和均长小于光爆层侧,偏心结构降低了围岩侧的破坏。α为60°时,围岩侧与光爆层侧的主裂纹总长比值R_3最小为0.61,偏心结构使得人工裂隙对炮孔周围传来的压缩应力波反射作用变小,有利于减小围岩侧的破坏。雷管与光爆层侧炮孔耦合,偏心不耦合爆炸加载时能量主要作用在光爆层侧孔壁上,各模型最长主裂纹长度要大于围岩侧,最长主裂纹长达45mm。α为90°时,围岩侧比光爆层侧最长主裂纹长度减小了40%。

与同心不耦合模型围岩侧主裂纹长度相比,在相同不耦合系数下,入射角α为45°时,偏心不耦合装药爆破模型围岩侧主裂纹总长减小73%;入射角α为90°,偏心不耦合装药爆破模型围岩侧主裂纹总长减小30%。

2. PVC塑料管护壁效果

1)模型爆后形态

PVC塑料管护壁爆破时,由于护壁套管的保护作用,围岩侧压碎区半径变小,围岩侧基本无爆炸空腔,而光爆层侧爆炸空腔较大,如图6-21所示。当应力波入射角$\alpha \geqslant 75°$后,人工裂隙端部会对主裂纹扩展起诱导作用,主裂纹会向人工裂隙端部扩展,炮孔左侧主裂纹出现了弯曲现象。弯曲现象的产生是由于入射压缩波垂直入射人工裂隙后,形成的反射拉应力与后续径向压应力叠加形成的合应力偏向左下方而引起主裂纹尾部向此方向发生弯曲。同时应力波入射角$\alpha \geqslant 75°$模型两端翼裂纹长度也增大,α为90°也出现了层裂裂纹。

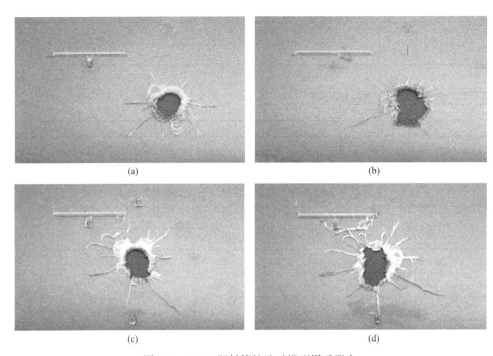

图 6-21　PVC 塑料管护壁时模型爆后形态

(a) B-1 模型，$\alpha=45°$；(b) B-2 模型，$\alpha=60°$；(c) B-3 模型，$\alpha=75°$；(d) B-4 模型，$\alpha=90°$

2）应力波入射角对主裂纹的影响

由表 6-9 可知，PVC 塑料管护壁爆破主裂纹数量、总长和均长同样随着应力波入射角 α 的增大而增大，在 $\alpha \geqslant 75°$ 后主裂纹数量也明显增多，说明应力波入射角对主裂纹的产生影响较大。

爆生主裂纹统计（长度单位：mm）　　　　表 6-9

模型编号	应力波入射角 $\alpha(°)$	主裂纹		
		数量	总长	均长
B-1	45	8	95	11.9
B-2	60	6	91	15.2
B-3	75	14	198	14.1
B-4	90	16	264	16.5

将 PVC 塑料管护壁爆破模型围岩侧和光爆层侧内主裂纹的长度分别统计，得到表 6-10。添加了护壁套管后，把炮孔内的空气变成了护壁材料与空气的复合体，波阻抗增大，围岩侧受到的压力减小，围岩侧主裂纹长度随之减小。

从表 6-10 中可知，添加了护壁套管后，围岩侧最长主裂纹的长度较小，在 α 为 45°和 60°时，PVC 塑料管的作用使围岩侧最长主裂纹比光爆层侧最长主裂纹长度减小 50%。围岩侧主裂纹总长与光爆层侧主裂纹总长的比值 R_3 均小于 1，最小为 0.58。

围岩侧与光爆层侧主裂纹长度统计（长度单位：mm）　　　表 6-10

应力波入射角 α(°)	主裂纹总长		主裂纹均长		最长主裂纹		两侧总长比值 R_3
	围岩侧	光爆层侧	围岩侧	光爆层侧	围岩侧	光爆层侧	
45	35	60	11.7	12	15	30	0.58
60	40	51	13.3	17	15	30	0.78
75	88	110	14.7	13.8	30	40	0.8
90	117	147	14.6	18.4	25	35	0.8

3. 聚脲半圆管护壁效果

1）模型爆后形态

利用聚脲半圆管护壁，各模型围岩侧炮孔壁保留完整，炮孔周围出现少量较短的主裂纹，而光爆层侧主裂纹长度较长，最长主裂纹分布在光爆层侧。各模型在孔壁周围预裂方向上出现了径向主裂纹，这是由于聚脲半圆管对爆炸能量的聚集和反射作用，在此方向形成一个很大的剪应力导致开裂，这个剪应力的拉伸作用有利于预裂方向主裂纹的形成，如图 6-22 所示。

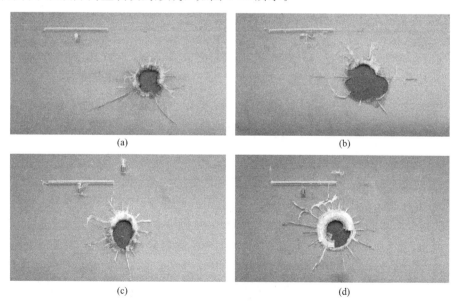

图 6-22　聚脲半圆管护壁模型爆后形态
(a) C-1 模型，$\alpha=45°$；(b) C-2 模型，$\alpha=60°$；(c) C-3 模型，$\alpha=75°$；(d) C-4 模型，$\alpha=90°$

2）应力波入射角对主裂纹的影响

由表 6-11 可以看出聚脲半圆管护壁模型爆生主裂纹数量、总长和均长也随着应力波入射角 α 的增大而增大。

爆生主裂纹统计（长度单位：mm） 表 6-11

模型编号	应力波入射角 $\alpha(°)$	主裂纹		
		数量	总长	均长
C-1	45	6	65	10.8
C-2	60	5	72	14.4
C-3	75	10	111	11.1
C-4	90	13	165	12.7

将聚脲半圆管护壁模型爆生围岩侧和光爆层侧主裂纹的长度分别统计，得到表 6-12。用聚脲半圆管护壁时，围岩侧波阻抗更大，炮孔壁所受的压应力更小，围岩侧主裂纹长度明显减小。

围岩侧、光爆层侧主裂纹长度统计（长度单位：mm） 表 6-12

应力波入射角 $\alpha(°)$	主裂纹总长		主裂纹均长		最长主裂纹		两侧总长比值 R_3
	围岩侧	光爆层侧	围岩侧	光爆层侧	围岩侧	光爆层侧	
45	20	45	10	11.3	9	35	0.44
60	22	50	11	16.7	10	30	0.44
75	42	69	10.5	11.5	15	25	0.61
90	80	85	11.4	14.2	25	30	0.94

在应力波入射角 α 为 45°和 60°时，围岩侧主裂纹总长与光爆层侧主裂纹总长比值最小为 0.44。围岩侧最长主裂纹比光爆层侧最长主裂纹长度减小 74%，极大降低了围岩侧的破坏范围。

6.2.6 护壁套管对裂纹扩展规律的影响

1. 护壁套管对主裂纹的影响

根据表 6-7、表 6-9、表 6-11 绘制不同材质护壁套管模型主裂纹总长与应力波入射角 α 的关系如图 6-23（图中 N 代指无护壁套管，PVC 代指 PVC 塑料管，PU 代指聚脲半圆管，后文关系图中亦同）。从图 6-23 可知，应力波入射角相同时，无护壁套管模型主裂纹总长度最大，PVC 塑料管护壁次之，聚脲半圆管最小；主裂纹总长在 α 为 60°后开始急剧增加，α 为 90°时，无护壁套管模型主裂纹总长 357mm，PVC 塑料管护壁主裂纹总长 264mm，比无护壁套管模型主裂纹总长减小 26%；聚脲半圆管护壁主裂纹总长 165mm，比无护壁套管模型主裂纹总长减小 54%。

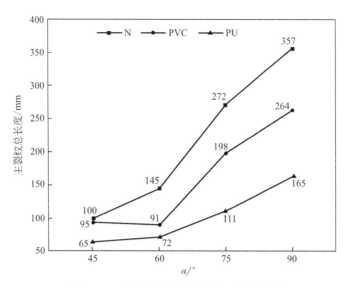

图 6-23 主裂纹总长与应力波入射角关系

根据表 6-8、表 6-10、表 6-12，比较不同材质护壁套管模型围岩侧主裂纹总长和均长，如图 6-24 和图 6-25 可知，随着 α 的增大，围岩侧内人工裂隙对主裂纹扩展的诱导作用增强，围岩侧主裂纹总长和均长整体呈递增趋势。在不同材质护壁套管中，按围岩侧主裂纹总长从小到大排列，聚脲半圆管最小，PVC 塑料管次之，无护壁套管最大，按均长排序亦同，可见加了护壁套管后围岩侧主裂纹长度明显减小，护壁套管能抑制主裂纹的产生，对围岩侧有较好的保护效果。

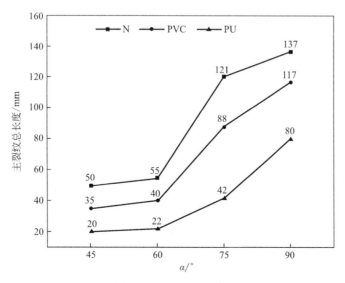

图 6-24 围岩侧主裂纹总长与应力波入射角关系

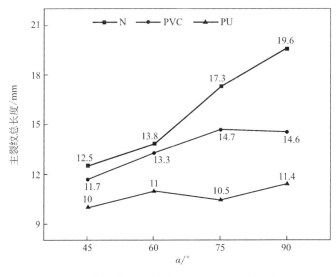

图 6-25 围岩侧主裂纹均长与应力波入射角关系

2. 护壁套管对翼裂纹长度的影响

翼裂纹的长度可以反映围岩侧爆破影响范围的大小，从表 6-13 可知，随着应力波入射角 α 的增大，压缩应力波传播至人工裂隙端部后产生更多绕射波，能量不断增大，更容易使端部产生翼裂纹。三组不同材质护壁套管模型爆生左端翼裂纹长度相应地逐渐增长。在 α 为 45°和 60°时，三组模型左端翼裂纹都较短，当 α≥75°后，左端翼裂纹长度都较大。

3 组模型右端翼裂纹起裂后都向着炮孔方向扩展，右端翼裂纹长度也随着 α 的增加逐渐增大。聚脲半圆管护壁时，仅 C-3 模型出现了右端翼裂纹；聚脲半圆管护壁爆破人工裂隙的两端翼裂纹长度均小于其他两组。

人工裂隙端部翼裂纹长度　　　　表 6-13

护壁结构	模型编号	应力波入射角 α(°)	翼裂纹长度(mm)	
			左端	右端
无护壁套管	A-1	45	3	3
	A-2	60	5	5
	A-3	75	28	15
	A-4	90	40	19
PVC 塑料管	B-1	45	6	2
	B-2	60	4	4
	B-3	75	21	10
	B-4	90	38	15

续表

护壁结构	模型编号	应力波入射角 α(°)	翼裂纹长度(mm)	
			左端	右端
聚脲半圆管	C-1	45	2	0
	C-2	60	2	0
	C-3	75	10	8
	C-4	90	32	0

3. 护壁套管对爆炸空腔的影响

对各模型围岩侧与光爆层侧爆炸空腔的轮廓进行描绘，同样通过软件图像处理得到爆炸空腔面积，见表6-14。

炮孔两侧爆炸空腔面积　　表6-14

护壁结构	模型编号	应力波入射角 α(°)	爆炸空腔面积(mm²)		面积比值
			围岩侧	光爆层侧	
无护壁套管	A-1	45	127	190	0.67
	A-2	60	101	127	0.79
	A-3	75	157	308	0.51
	A-4	90	509	509	1.00
PVC塑料管	B-1	45	77	101	0.77
	B-2	60	101	402	0.25
	B-3	75	101	226	0.44
	B-4	90	157	353	0.44
聚脲半圆管	C-1	45	78	101	0.77
	C-2	60	77	509	0.15
	C-3	75	77	190	0.40
	C-4	90	78	265	0.29

模型在偏心护壁爆破下，炮孔周围的空腔分布是不均匀的，光爆层侧炮孔壁与雷管直接接触，其爆炸空腔面积要大于围岩侧；从表中可以看出围岩侧空腔面积随着应力波入射角α的增大而增大。将围岩侧与光爆层侧爆炸空腔面积进行比较，比值越小，围岩侧相对破坏就越小。从表中可以看出添加了护壁套管的试验模型两侧爆炸空腔面积的比值要小于无护壁套管组，偏心无护壁套管模型的比值最小为0.51，PVC塑料管模型的比值最小为0.25，聚脲半圆管护壁的比值最小为0.15，此时模型围岩侧保护效果好，而光爆层侧破碎程度高。

6.2.7 护壁爆破应变测试结果分析

1. 应变测试结果

1) 无护壁套管时测点应变曲线

无护壁套管模型作为对照组,从应变信号时程曲线(图 6-26)可知,由于偏心不耦合结构围岩侧炮孔内空气衰减作用,各模型围岩侧 2 号和 3 号测点应变起跳时刻和峰值出现时刻都要迟于光爆层侧 1 号测点,证明了偏心不耦合结构对围岩侧所受应力波的削弱作用。

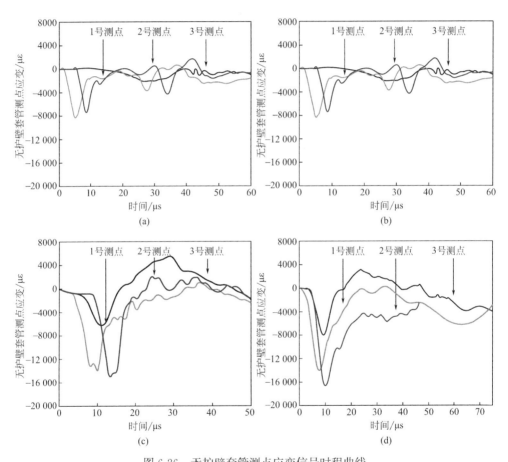

图 6-26 无护壁套管测点应变信号时程曲线

(a) A-1 模型,$\alpha=45°$;(b) A-2 模型,$\alpha=60°$;(c) A-3 模型,$\alpha=75°$;(d) A-4 模型,$\alpha=90°$

从应变峰值大小上看出,应力波入射角 α 为 45°和 60°时,1 号测点压应变峰值大于 2 号测点压应变峰值。而应力波入射角 α 为 75°和 90°时,2 号测点压应变峰值又开始大于 1 号测点压力峰值,这是由于入射角 α 增大后裂隙端部的应力集中作用变大而使得 2 号测点所受压应变变大。

2) PVC 塑料管护壁时测点应变曲线

PVC 塑料管护壁时，围岩侧 2 号和 3 号测点应变（图 6-27）起跳时刻和峰值出现时刻同样也都要迟于 1 号测点，各模型 1 号测点压应变峰值均大于 2 号、3 号测点压应变峰值，表明围岩侧介质的变形要迟于光爆层侧，其所受变形力学作用大小要小于光爆层侧，证明了偏心护壁套管对应力波的削弱作用。

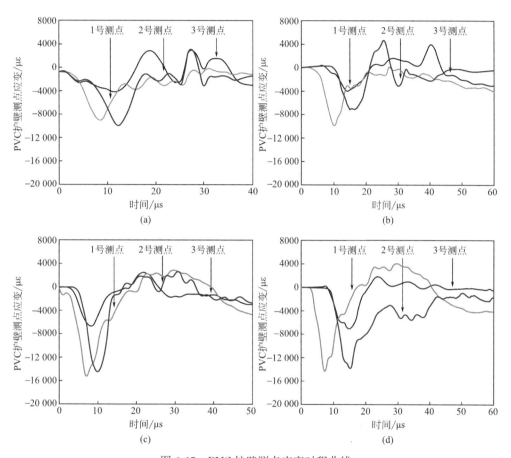

图 6-27　PVC 护壁测点应变时程曲线

(a) B-1 模型，$\alpha=45°$；(b) B-2 模型，$\alpha=60°$；(c) B-3 模型，$\alpha=75°$；(d) B-4 模型，$\alpha=90°$

3) 聚脲半圆管护壁时测点应变曲线

使用聚脲半圆管护壁时，2 号和 3 号测点应变（图 6-28）起跳时刻和峰值出现时刻仍都迟于 1 号测点，2 号测点压力峰值要小于 1 号测点压力峰值，此时围岩侧变形更小，聚脲半圆管对爆炸应力波的衰减作用更强。

根据每一个模型的应变时程曲线可以精确地分析护壁爆破应力传播特性。尽管在模型制作中按照步骤做到最大程度的规范，但由于试验中雷管爆炸模型的振荡，仪器自身存在的信号干扰，试验过程中的不确定性等原因使得测试的数值存

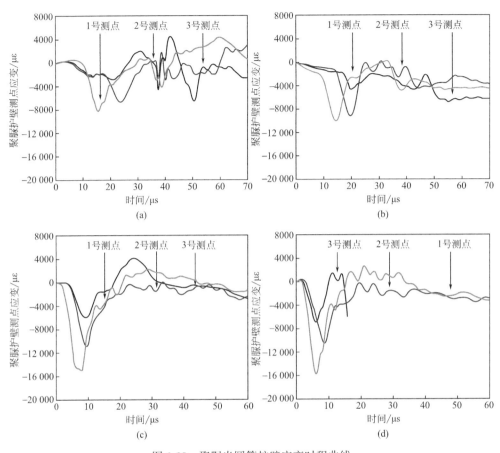

图 6-28 聚脲半圆管护壁应变时程曲线

(a) C-1 模型，$\alpha=45°$；(b) C-2 模型，$\alpha=60°$；(c) C-3 模型，$\alpha=75°$；(d) C-4 模型，$\alpha=90°$

在较小偏差。

2. 应变信号分析比较

将每个模型测点应力波传播过程中压应变峰值汇总于表 6-15，通过压应变峰值比较护壁效果和应力波变化规律。

护壁爆破测点压应变峰值　　　　　表 6-15

护壁套管材质	模型编号	压应变峰值($\mu\varepsilon$)		差值($\Delta\mu\varepsilon$)	降低率(%)
		1号测点	2号测点		
无护壁套管	A-1	7559	7265	294	4
	A-2	9340	8899	441	5
	A-3	13 858	14 852	−994	−7
	A-4	14 033	16 703	−2670	−19

续表

护壁套管材质	模型编号	压应变峰值($\mu\varepsilon$)		差值($\Delta\mu\varepsilon$)	降低率(%)
		1号测点	2号测点		
PVC塑料管	B-1	7903	7156	747	9
	B-2	9298	8474	824	9
	B-3	13 285	12 019	1266	10
	B-4	14 641	13 086	1555	11
聚脲半圆管	C-1	8200	6600	1600	20
	C-2	10 000	8141	1859	19
	C-3	12 908	10 901	2007	16
	C-4	14 993	11 402	3591	24

注：压应变差值 $\Delta\mu\varepsilon$ 为1号测点压应变峰值与2号测点压应变峰值相减所得，降低率为 $\Delta\mu\varepsilon$ 与1号测点压应变峰值的比值。

因为有机玻璃介质的抗拉强度要远小于自身的抗压强度，当压应力波强度小于模型的抗压强度时，虽不能直接使得模型破坏，但能够在炮孔周围产生径向位移，形成环向拉力。所以模型是受到拉应力、剪切破坏而发生起裂。从表6-15中得出，围岩侧压应变峰值与光爆层侧压应变峰值相比较，无护壁套管时压应变峰值最大减小5%，PVC塑料管护壁时压应变峰值最大减小11%，聚脲半圆管护壁时压应变峰值最大减小24%。

在光爆层侧，雷管耦合贴着孔壁，如图6-29所示，不同材质护壁套管爆破，每组1号测点测得的压应变峰值大小相近。

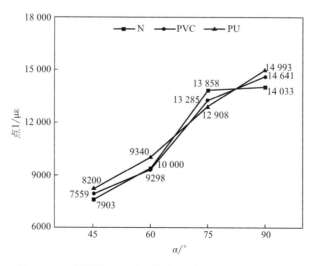

图6-29 1号测点压应变峰值与应力波入射角 α 的关系

绘制 2 号测点压应变峰值与应力波入射角 α 的关系如图 6-30 所示，从图 6-30 可知，偏心护壁装药结构爆炸加载，2 号测点压应变随着入射角 α 的增大逐渐增大，入射角 α 较小时，三组模型压应变峰值都相近，入射角继续增大后，人工裂隙应力集中作用变强，三组模型压应变峰值差异变大。护壁套管的聚集和反射能量的作用，使得冲击波在围岩侧衰减较快。

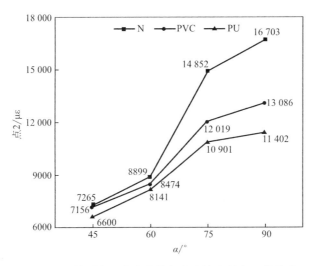

图 6-30　2 号测点压应变峰值与应力波入射角 α 的关系

绘制 3 号测点压应变峰值与应力波入射角的关系，如图 6-31 所示，3 号测点位于人工裂隙下部，3 组峰值随着应力波入射角 α 的增大，压应变峰值也逐渐增大。3 号测点压应变峰值与表 6-15 相比，远小于 1 号、2 号测点，但从测得的波

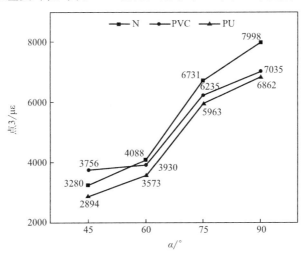

图 6-31　3 号测点压应变峰值与应力波入射角 α 的关系

形图 6-28 上看,其受到的拉力基本要大于 1 号和 2 号测点,说明人工裂隙下方破坏主要受到拉应力的作用,也验证了在围岩侧人工裂隙反射应力波与压缩应力波交汇区域,两者叠加而成的拉应力是形成更多主裂纹和层裂裂纹的原因。

6.2.8 优选护壁套管

利用不同材质护壁套管控制爆破后,将模型围岩侧与光爆层侧的爆炸空腔面积、主裂纹长度等参数进行综合比较,从而优选出护壁爆破效果最好的护壁套管,见表 6-16。

围岩侧与光爆层侧模型各项比值   表 6-16

材质类型	无护壁套管	PVC 塑料管	聚脲半圆管
爆炸空腔面积比值	0.51	0.25	0.15
主裂纹总长比值	0.61	0.58	0.44
最长主裂纹长度减小幅值	40%	50%	74%
压应变峰值减小幅值	5%	11%	24%

从表 6-16 可知,聚脲半圆管护壁时模型围岩侧爆炸空腔面积相对最小,围岩侧主裂纹总长相对最短,且压应变峰值降低率相对最大,证明了聚脲半圆管在围岩侧保护效果最好。

6.3 本章小结

本章通过数值模拟发现,不同形状空孔都具有导向作用,切槽空孔导向作用强于圆形空孔。通过应变测试进行了不同护壁材料的护壁爆破实验,结果表明,PVC 塑料管和聚脲半圆管都具有较明显的护壁作用,聚脲半圆管的护壁作用优于 PVC 塑料管。

第 7 章

裂隙岩体隧道预留保护层光面爆破技术

裂隙岩体隧道爆破时，爆破能量易于导致隧道围岩超挖。为降低裂隙岩体隧道爆破的超挖量，本章研究裂隙岩体隧道预留保护层光面爆破技术。

预留保护层光面爆破技术是一种改进的光面爆破技术，其实质是钻凿两排周边孔，设计轮廓面上的周边孔为不装药空孔，主要用于控制轮廓形状，内圈距离设计轮廓面布置爆破周边孔，爆破周边孔与设计轮廓面之间的岩层为预留保护层，预留保护层用于抵消爆破周边孔爆炸能量对围岩的破坏，起到保护围岩、减少超挖的目的，原理如图 7-1 所示。

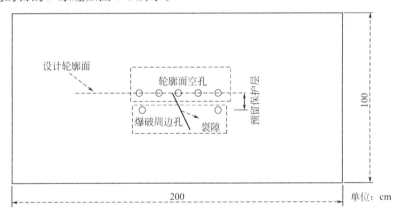

图 7-1 裂隙岩体隧道预留保护层光面爆破模型

预留保护层光面爆破技术的关键参数包括轮廓面空孔间距和保护层厚度。为研究预留保护层光面爆破技术合理的空孔间距和保护层厚度，本章通过数值模拟，设计了两组试验进行研究。

第一组试验，当保护层厚度不变时，研究合理的空孔间距；第二组试验，当空孔间距不变时，研究合理的保护层厚度。

数值模型尺寸为 200cm×100cm×20cm；炮孔直径均为 40mm，不耦合系数 1.56；堵塞长度 5cm、空气间隔长度 3cm、药柱长度 7cm，裂隙宽度 5mm、长 30cm；为模拟隧道无限延展边界，模型左右侧、后方及底部均设置为无反射边界。

7.1 空孔间距对裂隙岩体孔间成缝效果影响

7.1.1 试验方案

周边爆破孔间距仍沿用前文设定距离 45cm，两圈孔对光爆层的破坏至少 20cm，为确保爆破能够将保护层岩体"炸下来"，因此，保护层厚度取值均小于 20cm；空孔间距取为孔径的 2~3 倍，试验方案见表 7-1。

试验方案设计　　　　　　表 7-1

试验方案	周边爆破孔间距(cm)	预留保护层厚度(cm)	空孔间距(cm)
Ⅰ			10
Ⅱ	45	15	12
Ⅲ			15

7.1.2 计算结果与分析

1. 孔间裂纹扩展特征分析

设定失效值为 5.0MPa，相应的单元网格在计算过程中承受拉应力大于失效值则单元将被删除，被删除的单元可以通过 Ls-PrePost 后处理软件中点击 Deleted Elements 以观看。

为观察不同空孔间距对裂纹扩展的影响，依次在后处理软件中点击 Blank>Plan，Z 坐标设定为 70、Tol：设定为 1，并点击 Tol：和 Reverse 按钮，得到沿空孔中心线进行切割的内部平面图，图 7-2 为方案Ⅱ自孔间出现裂纹起每间隔 $40\mu s$ 截取的应力云图。

炸药单元起爆后，爆炸应力波经过 $59.7\mu s$ 传递至空孔处，孔间一些单元应力达到设定失效值，单元开始失效并出现细小裂纹，如图 7-2（a）所示；之后爆炸应力波开始相互叠加出现应力集中现象，更多的单元开始失效，如图 7-2（b）所示；经过 $138.9\mu s$ 的发展相邻空孔径向延展裂纹在空孔底部相互贯通，如图 7-2（c）所示。

2. 裂纹扩展效果分析

图 7-3 给出 3 个模型计算时间中止后，$Y=70cm$ 的裂纹扩展的最终形态剖面图。

可见，方案Ⅰ和方案Ⅱ相邻空孔间裂纹能顺利交汇并贯通，而方案Ⅲ并不能有效贯通，表明通过在周边爆破孔上方钻凿密集空孔的方式来控制超挖的方法是可行的。

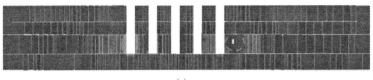

(a)

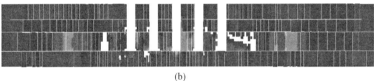

(b)

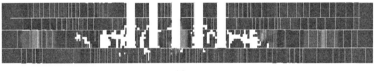

(c)

(d)

图 7-2 方案 Ⅱ 不同时刻裂纹扩展云图

(a) $T=59.7\mu s$; (b) $T=99.9\mu s$; (c) $T=138.9\mu s$; (d) $T=179.7\mu s$

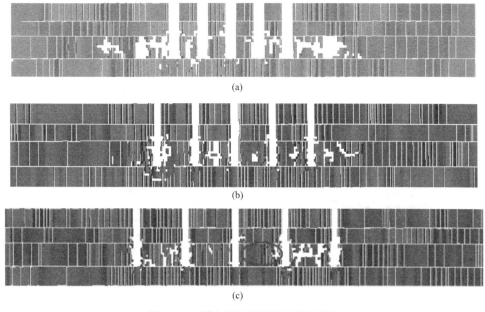

图 7-3 不同空孔间距裂纹扩展效果图
(a) 方案Ⅰ（空孔间距 10cm）；(b) 方案Ⅱ（空孔间距 12cm）；(c) 方案Ⅲ（空孔间距 15cm）

我们注意到相邻空孔之间的距离直接影响着空孔之间径向裂纹贯通与否，距离越大相邻空孔间裂纹扩展则越来越不明显。可知，合理的间距应为炮孔直径的 2.5～3.0 倍之间，对比方案Ⅰ和方案Ⅱ孔间裂纹贯通情况，优选方案Ⅰ，即空孔间距为 10cm 作为合理的空孔间距。

7.2 预留保护层厚度对裂隙岩体孔间成缝效果影响

7.2.1 方案设计

空孔间距为 10cm，分析预留保护层厚度对裂隙岩体孔间成缝的影响，建立如表 7-2 所示试验方案。

试验方案　　　　表 7-2

试验方案	周边爆破孔间距(cm)	空孔间距(cm)	预留保护层厚度(cm)
Ⅳ	45	10	12
Ⅴ			15
Ⅵ			18

7.2.2 应力波传播与裂纹扩展特征分析

爆破荷载作用下,模型中各单元网格承受拉应力大于设定失效值 5.0MPa 后,相应的单元网格在计算过程中将被删除,形成感官意义上的裂纹。为控制篇幅仅以方案 V 为例,详细选取了方案 V 不同时刻岩体内应力与裂纹扩展云图,如图 7-4 所示。

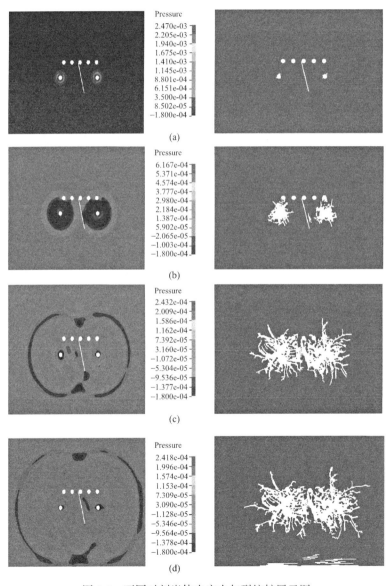

图 7-4 不同时刻岩体内应力与裂纹扩展云图
(a) $T=20.7\mu s$; (b) $T=67.8\mu s$; (c) $T=153.9\mu s$; (d) $T=180.0\mu s$

炸药单元起爆后,爆炸应力波和爆生气体在没有传播至裂隙面之前,爆破能量对岩体的破坏几乎是圆形的,初始裂纹出现位置并不是优先沿着周边爆破孔中心线方向延展,而是与炮孔中心线呈一定角度,裂纹在后续爆生气体的推动下迅速朝着上方空孔扩展,如图 7-4 (a) 所示。

$67.8\mu s$ 时,受裂隙面影响爆炸冲击波阵面在此处发生反射,表现为裂纹还未完全扩展至裂隙面时,在反向拉伸波的作用下提前出现裂纹。此外,云图的应力流转方向在朝着邻近的空孔转移,表明空孔对应力具有一定的导向作用,如图 7-4 (b) 所示。

$153.9\mu s$ 时,随着波阵面的继续扩散以及裂隙面反射拉伸波相互作用加强,形成了大量围绕裂隙的爆破裂纹,有利于保护层间岩体破碎;开裂面上裂纹主要集中在左右两侧的空孔上,其他方向裂纹明显较少,因为爆炸能量的泄压往往向着介质的最小抵抗线或裂隙面处集中,从而抑制向其他方向发展的裂纹,这为隧道采用光面爆破后通常能形成较为平整、光滑的轮廓面提供了合理的解释,如图 7-4 所示。

7.2.3 单元应力变化特征分析

为进一步比较 3 种不同预留保护层厚度模型的裂纹扩展效果,对空孔从左至右依次在每个空孔下方各选取 1 处单元作为应力观察单元,以判断裂纹扩展情况,应力观察单元分别命名为单元 A、单元 B、单元 C、单元 D、单元 E,如图 7-5 所示。

图 7-6 为所选 5 处应力观察单元压力时程曲线。

从 3 种不同预留保护层所选取的压力观察单元所表现出的时程曲线可知,各单元平均拉应力均达到抗拉失效值 5.0MPa,即确保了爆生裂纹能顺利扩展至开裂面。

除单元 C 中保护层厚度为 18cm 时,各单元记录点均在 $50\mu s$ 前接收到应力,时程曲线应力开始爬升并于 $70\mu s$ 前结束。

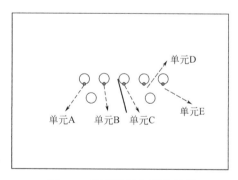

图 7-5 观察单元位置示意图

通过分析得知,裂隙与空孔相对位置对应力的影响较大,即当裂隙末端与开裂面齐平或距离较近时,也就是保护层厚度为 12cm 和 15cm 时,裂隙对空孔周围岩体的裂纹发育影响较小。

根据惠更斯-菲涅耳原理得知,当某一裂隙的宽度在一定时间内通过小于此裂隙宽度的波长时,波在裂隙两端的传播方向将会改为绕过裂隙向前发展,使得

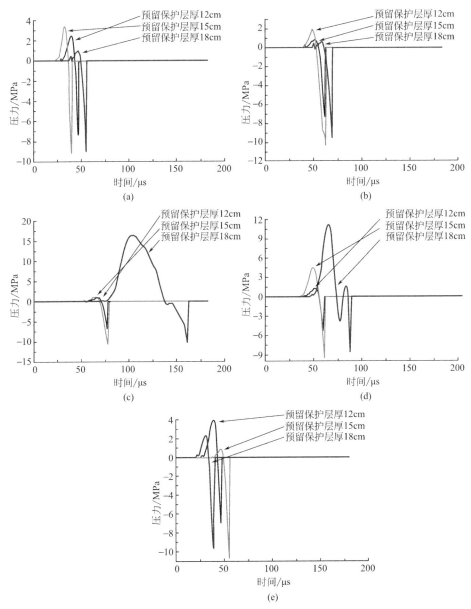

图 7-6 不同预留保护层单元压力时程曲线
(a) 单元 A；(b) 单元 B；(c) 单元 C；(d) 单元 D；(e) 单元 E

裂纹尖端应力转向空孔方向发展，避免了沿着裂隙面继续扩展，从而减少了对开裂面上方岩体的破坏程度。

7.2.4 裂纹扩展效果分析

为观察不同预留保护层厚度对裂隙岩体孔间裂纹扩展效果的影响，将方案Ⅳ、方案Ⅴ和方案Ⅵ计算结果（图7-7）终止后保护层能否完全破碎作为主要指标，对超出开裂面的裂纹长度、裂纹数目作为次要指标。

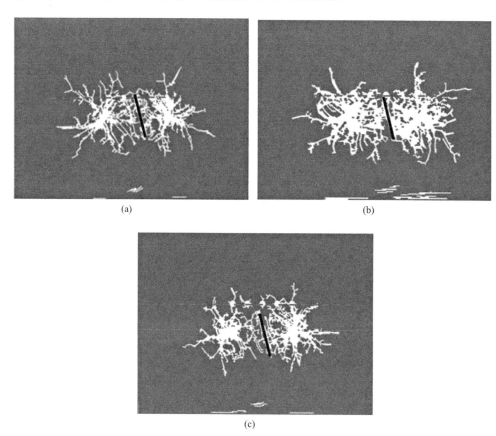

图 7-7　不同预留保护层厚度裂纹扩展最终效果图
（a）方案Ⅳ，预留保护层厚度 12cm；（b）方案Ⅴ，预留保护层厚度 15cm；
（c）方案Ⅵ，预留保护层厚度 18cm

预留保护层光面爆破技术既要保证预留保护层能顺利破碎，又要兼顾开裂面上方的岩体破坏程度最小。由图 7-7 可知，方案Ⅳ、方案Ⅴ爆生裂纹均能扩展至开裂面，表明保护层岩体能够"炸下来"；而方案Ⅵ保护层岩体未能"炸下来"，因此，方案Ⅵ不纳入最优方案评选结果。

将方案Ⅳ和方案Ⅴ开裂面上方爆生裂纹长度、裂纹数目情况列于表 7-3，以优选最佳方案。

方案Ⅳ和方案Ⅴ开裂面上方爆生裂纹长度、裂纹数目　　　表 7-3

方案	平均裂纹长度(cm)	裂纹参数						
Ⅳ	8.29	裂纹编号	1	2	3	4	5	6	7
		裂纹长度(cm)	3.48	10.90	7.01	3.35	5.16	8.31	11.57
		裂纹编号	8	9	10				
		裂纹长度(cm)	8.90	11.47	14.66				
Ⅴ	7.16	裂纹编号	1	2	3	4	5	6	7
		裂纹长度(cm)	4.18	8.46	4.75	13.38	10.15	5.38	3.85

由表 7-3 可知，当预留保护层厚度为 12cm 时，单条裂纹最长 14.66cm，平均主裂纹长 8.48cm；当预留保护层厚度为 15cm 时，单条主裂纹最长 13.38cm，平均主裂纹长 7.16cm；因此，随着预留保护层厚度的增加，开裂面上方岩体爆生裂纹数目以及平均裂纹长度均表现出下降的趋势。

平均裂纹长度体现的是岩石整体破碎效果，长度越大表明岩石破碎范围越大，反之则越小，但预留保护层爆破对于保护开裂面上方岩体则要求平均裂纹长度越短越好。隧道开挖线性超挖允许值为 15cm，此两种方案模拟效果均满足规范要求。

上述结果表明，在裂隙岩体隧道爆破施工中采用预留保护层光面爆破技术是可行的。当预留保护层厚度为炮孔直径的 3.75 倍时，开裂面上方岩体爆生裂纹长度最短。

7.3　裂隙倾角对裂隙岩体孔间成缝效果影响

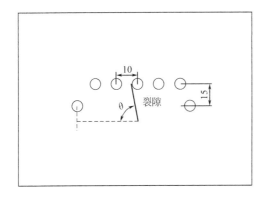

图 7-8　裂隙倾角对爆生裂纹扩展的影响

为了研究裂隙倾角对裂隙岩体孔间裂纹扩展效果的影响，建立如图 7-8 所示模型，定义裂隙近端与左侧周边爆破孔中心水平连线之间的倾角为 θ。

为探究裂隙倾角对爆生裂纹的演化过程的影响，设计如表 7-4 所示的不同裂隙倾角试验方案。

图 7-9 为不同裂隙倾角下岩体爆生裂纹扩展形态，可见，裂隙倾角对裂纹的扩展有较大影响，主要体现为：

不同裂隙倾角试验方案   表 7-4

试验方案	Ⅶ	Ⅷ	Ⅸ	Ⅹ
裂隙倾角(°)	50	70	90	100

不同裂隙倾角下，开裂面之外裂纹扩展的长度不一样。这是由于裂隙面呈现的倾角不同，当爆炸冲击波传递至裂隙时，裂隙对爆炸冲击波产生一定的干扰，爆炸冲击波在裂隙处发生复杂的反射和绕射，从而导致岩体内任一点应力情况不同。

裂隙倾角不同时，裂隙面左右两侧岩体在入射波及反射波等因素作用下，裂隙两端的裂纹随着裂隙倾角的增加呈递增的趋势，即倾角越大裂隙面附近裂纹越密集，越利于破岩。

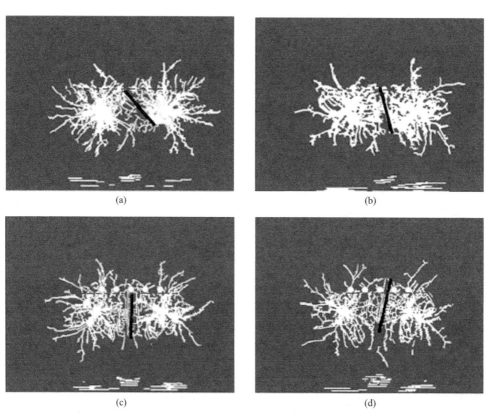

图 7-9 不同裂隙倾角下岩体爆生裂纹扩展形态
(a) 裂隙倾角 $\theta=50°$；(b) 裂隙倾角 $\theta=70°$；(c) 裂隙倾角 $\theta=90°$；(d) 裂隙倾角 $\theta=100°$

为便于统计裂隙倾角对孔间裂纹扩展长度的影响，对开裂面上方的爆生裂纹条数与裂纹长度进行统计，结果如表 7-5 所示。

不同裂隙倾角下岩体爆生裂纹参数　　　表 7-5

裂隙倾角(°)	平均裂纹长度(cm)	裂纹参数						
50	8.29	裂纹编号	1	2	3	4	5	6	7
		裂纹长度(cm)	4.5	3.68	13.98	6.54	5.34	5.77	14.78
		裂纹编号	8	9	10	11			
		裂纹长度(cm)	7.59	16.95	5.52	6.47			
70	7.16	裂纹编号	1	2	3	4	5	6	7
		裂纹长度(cm)	4.18	8.46	4.75	13.38	10.15	5.36	3.85
90	9.15	裂纹编号	1	2	3	4	5	6	7
		裂纹长度(cm)	5.15	6.7	17.51	10.32	4.48	7.85	4.86
		裂纹编号	8	9	10	11			
		裂纹长度(cm)	16.27	10.52	5.76	11.18			
100	12.51	裂纹编号	1	2	3	4	5	6	7
		裂纹长度(cm)	4.98	7.86	14.22	14.31	14.41	5.77	5.13
		裂纹编号	8	9	10	11			
		裂纹长度(cm)	5.37	7.46	17.33	7.86			

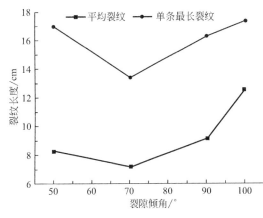

图 7-10　裂隙倾角与最长裂纹、平均裂纹关系

根据表 7-5 绘制不同裂隙倾角时各裂隙岩体最长裂纹与平均裂纹长度曲线，如图 7-10 所示。

由图 7-10 可知，随着裂隙倾角的逐渐增加，单条最长裂纹长度与平均裂纹长度表现出先减少后增长的趋势。

裂纹长度代表裂纹扩展深度，裂隙倾角为 70°时，最长裂纹长 13.38cm，平均裂纹为最短裂纹，当倾角增大到 100°时，裂纹长度激增到 17.33cm，增幅达 22.38%；平均裂纹代表整体破坏效果，平均裂纹长度越长则破坏效果越严重，对于预留保护层光面爆破技术来讲，则要求长度越短越好。可见，当倾角为 70°时，平均裂纹长 7.16cm，位于整条曲线的最低端。

上述结果表明，裂隙倾角对于裂隙岩体爆生裂纹长度、数目均有一定的影响，当裂隙倾角约为 70°时，爆生裂纹对围岩影响最小。

7.4 本章小结

裂隙岩体隧道预留保护层光面爆破技术的空孔间距、预留保护层厚度和裂隙角度对光面爆破有着不同的影响：

（1）裂隙岩体隧道预留保护层光面爆破技术的空孔起到形成平整开裂面和阻隔爆破裂纹向围岩延伸的作用，当空孔间距为炮孔直径的2.5倍时，空孔孔间径向裂纹贯通效果最佳。

（2）预留保护层光面爆破技术应用于裂隙岩体隧道爆破是可行的，既能确保预留保护层顺利破碎又使得围岩破坏程度最小的保护层厚度为15cm，也就是炮孔直径的3.75倍。

（3）裂隙倾角直接影响着围岩裂纹扩展长度，当倾角θ约为70°时，在围岩中形成的爆生裂纹数量最少。

第 8 章

裂隙岩体隧道光面护壁爆破现场试验及应用

本章在张吉怀铁路丁王隧道裂隙岩体段光面爆破存在问题的基础上,开展光面护壁爆破试验,给出了光面护壁爆破施工工艺过程,并对爆破效果进行了总结和分析,论证了裂隙岩体隧道光面护壁爆破的可行性,对其他类似工程具有较高的参考意义。

8.1 隧道概况

8.1.1 隧道区域位置

丁王隧道为新建二湛(二连浩特-湛江)高速铁路"张家界-吉首-怀化"段控制性工程之一,为时速 350km 的单洞双线高铁隧道;隧址位于湖南省怀化市境内,进口位于盈口乡荷叶塘附近,出口位于盈口乡湿泥湾附近,隧道出口附近分布一些零星小路,部分地带有乡间水泥路通过,其余地方通行仍然较为困难,如图 8-1 所示。

图 8-1 丁王隧道

8.1.2 工程地质概况

1. 地层岩性

隧道区出露的地层有第四系(Q),白垩系上统第一岩组(K21),侏罗系上统(J2),三叠系上统-侏罗系下统(T3-J1),二叠系下统栖霞组(P1q2)。

2. 水文地质特征

地表水：隧道区地表水不发育，主要接受大气降水补给，隧道洞身段未见地表水发育。

地下水：主要通过大气降水及周围地表水入渗补给，部分大气降水通过断层、裂隙下渗后，通过包气带后由垂向径流转水平径流，然后通过短途径的地下径流后在沟谷中或悬崖部位以泉或散流形式排泄。

3. 区域地质特征

隧道内岩体多为软质岩，裂隙发育在 3 组以上，且呈块状分布，局部薄-中厚层状，裂纹块状间距在 0.2～0.4m 之间，以构造型、风化型为主；部分裂纹泥质、岩屑充填，主要结构面结合差；隧道内部分岩体典型情况如图 8-2 所示。

图 8-2 丁王隧道内部典型围岩情况

4. 不良地质情况

根据物探结果显示，洞身里程 DK233+335～DK233+713.27 段岩体仰坡顺层，开挖存在顺层滑动的可能；洞身里程 DK234+370～DK234+420 为低阻异常区，推测为岩溶，不排除局部发育为溶腔的可能；洞身里程 DK234+420～DK234+713.27 段存在岩溶，可溶岩区共存在 1 处低阻异常带，推测为岩溶发育区；洞身里程 DK234+933～DK235+065 段围岩为软岩夹极软岩，施工开挖易出现掉块、坍塌冒顶的可能。

8.1.3 起讫里程及围岩分布情况

丁王隧道进出口里程分别为：DK231+212.0、DK236+775.27，隧道全长 5563.27m，其中Ⅲ级围岩 1085m、Ⅳ级围岩 2890m、Ⅴ级围岩 1588.27m；开挖高度 7.6m、开挖宽度 13.72m，净空断面面积 73.8m^2。

8.2 隧道爆破现场调查

8.2.1 爆破器材及钻孔设备

使用的爆破器材主要包括乳化炸药、导爆管雷管和导爆索,炸药选用的是直径 32mm 的 2 号岩石乳化炸药;导爆管雷管选用 ms1、ms3、ms5、ms7、ms9、ms11 和 ms13;导爆索为泰安型,即药芯使用的是泰安;钻孔设备为 YT-28 型手持式风钻。

8.2.2 爆破施工工艺

1. 掏槽孔、辅助孔装药结构

掏槽孔、辅助孔装药结构选用孔底连续装药结构,即炮孔内药卷自底部开始依次放入一定量的药卷,其装药结构如图 8-3 所示。

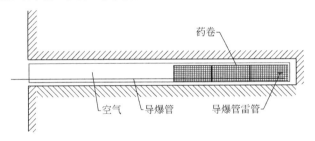

图 8-3 掏槽孔、辅助孔装药结构

2. 周边孔装药结构

周边孔装药结构采用空气间隔装药,药卷的放置位置为:1 节 300g 药卷、半节 150g 药卷一并装入孔底。采用导爆索与导爆管雷管相组合的方式连接炮孔内药卷,即采用 1 发 ms13 段导爆管雷管和导爆索一同插入药卷并放置在周边孔底部,如图 8-4 所示。

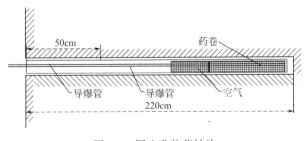

图 8-4 周边孔装药结构

3. 起爆网路连接

采用簇连，俗称"大把抓"的连接方式，如图 8-5 所示。连接顺序一般为：孔内导爆管电雷管从上到下 20 左右为一组→同段导爆管雷管双发簇连→起爆。将传爆雷管反向绑扎在被传爆的一组大把抓内，需注意的是绑扎长度在 15cm 左右，用胶布缠绕几层。

图 8-5 现场起爆网路连接

8.2.3 炮孔布置及装药量

隧道掌子面各炮孔分布及炮孔装药量情况如图 8-6 及表 8-1 所示。

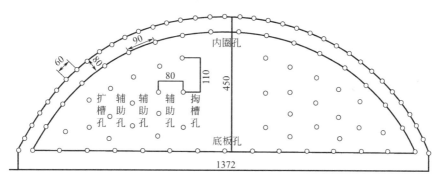

图 8-6 掌子面炮孔分布示意图（cm）

各部位炮孔装药情况　　　　表 8-1

炮孔	数量(个)	孔深(cm)	单孔药量(kg)	总药量(kg)	段别(段)
掏槽孔	6	270	2.4	14.4	1
辅助孔 1	7	250	2.1	14.7	3
辅助孔 2	3	250	2.1	6.3	5
辅助孔 3	4	250	1.8	7.2	7
扩槽孔	4	240	1.5	6	9
内圈孔	16	230	1.2	19.2	11
底板孔	10	230	1.2	12	11
周边孔	37	220	0.45	16.65	13

8.2.4 爆破效果及影响因素分析

1. 爆破效果

丁王隧道采用上述爆破参数、装药结构、起爆网路等爆破方案后，隧道轮廓面爆破效果如图 8-7 和图 8-8 所示。

(a)　　　　　　　　　　　　　　　(b)

图 8-7　第一循环爆破效果

(a) 左边墙上部；(b) 右边墙上部

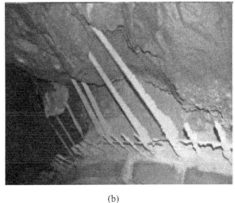

(a)　　　　　　　　　　　　　　　(b)

图 8-8　第二循环爆破效果

(a) 左边墙上部；(b) 右边墙上部

由图 8-7 和图 8-8 可知，经过实地测量每次爆破进尺在 2.0m 左右，表明原方案中掏槽孔、辅助孔和内圈孔参数设置合理，炮孔利用率较高。虽然炮孔利用率达到预期效果，但并没有形成良好的轮廓壁面。

为分析每循环爆破后隧道壁面的实际超欠挖情况，使用红外线测距仪进行测量。测点选取规则为从隧道左侧边墙底部开始至右侧边墙底部结束，每间隔 60cm 选一个测点，共计 15 个测点，原点位于隧道中心线。每一个测点的数据测量 3 次,并将 3 次测试平均值作为有效数据,现场测试如图 8-9 所示。

图 8-9 红外线测距仪选点

隧道断面超欠挖测试数据见表 8-2 和表 8-3;根据测试结果绘制出轮廓超欠挖效果如图 8-10 和图 8-11 所示;根据规范《铁路隧道钻爆法施工工序及作业指南》TZ 231—2007 拱部最大超挖不大于 25cm、线性超挖不大于 15cm,边墙线性超挖不大于 10cm 来判断是否超标。

第一循环隧道断面超欠挖实测值　　　表 8-2

测点序号	外侧半径(m)	内侧半径(m)	榀架厚度(m)	超欠挖(cm)	是否超标
1	6.93	6.39	0.21	+33	是
2	6.69	6.15		+33	是
3	6.53	5.86		+46	是
4	6.40	5.74		+45	是
5	5.94	5.53		+20	是
6	5.31	5.04		+6	否
7	5.18	4.78		+19	否
8	4.68	4.37		+10	否
9	4.70	4.33	0.21	+16	否
10	4.82	4.31		+30	是
11	4.78	4.39		+18	是
12	5.20	5.08		−9	是
13	6.06	5.53		+35	是
14	6.62	6.16		+25	是
15	6.99	6.59		+19	是

第二循环隧道断面超欠挖实测值 表 8-3

测点序号	外侧半径(m)	内侧半径(m)	榀架厚度(m)	超欠挖(cm)	是否超标
1	6.73	6.40	0.21	+12	是
2	6.63	6.14		+28	是
3	6.37	5.94		+22	是
4	6.18	5.65		+32	是
5	5.81	5.35		+25	是
6	4.65	4.33		+11	是
7	4.60	4.31		+8	否
8	4.65	4.32		+12	是
9	4.66	4.37		+8	否
10	4.73	4.39		+13	是
11	5.95	5.50		+24	是
12	6.30	5.74		+35	是
13	6.48	6.12		+15	是
14	6.68	6.36		+11	是
15	7.00	6.52		+27	是

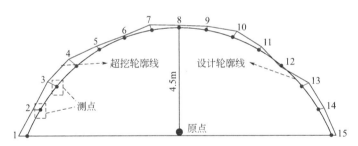

图 8-10 第一循环断面轮廓示意图

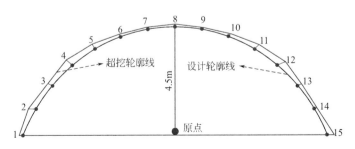

图 8-11 第二循环断面轮廓示意图

根据《铁路隧道钻爆法施工工序及作业指南》TZ 231—2007 判定：

第一循环平均超挖22.86cm，平均超挖体积为9.72m³；超欠挖实测数据中最大超挖值大于25cm的数据有7组，占比46.66%；其中，超挖值区间在-10～10cm，占比20%；区间在11～24cm以上，占比33.33%。

第二循环平均超挖22.06cm，平均超挖体积为9.38m³；超欠挖实测数据中最大超挖值大于25cm的数据有7组，占比46.66%；其中，超挖值区间在11～24cm，占比53.33%。

由上述分析可知，两循环最大超挖及平均超挖均大于文献标准数值，超挖区间多集中于11～24cm，造成初期支护耗时长，严重拖延工期。

2. 影响因素分析

由隧道掘进现场调查结果可知，现场施工主要存在以下几点情况：第一，施工队对于掌子面洞身所处的围岩地质情况把握不准，从而导致到后面爆破参数的选择错误；第二，炮孔布局不当、钻孔精度不能保持；第三，单孔装药量的选择过于依赖自身经验。下面对影响爆破效果的3点因素进行具体分析：

1）地质岩性

岩体应力：引起岩体破坏、变形的主要诱因为原岩中的应力发生改变，岩体中的主应力大小及方向不同，对隧道产生的破坏也不同。

岩体结构：天然的围岩中存在肉眼看不见的细小裂纹、节理、夹层、断层等，这些内在的因素严重制约着爆破效果，然而隧道在开挖施工中难免会穿越存在上述地质构造的山体。

该类地质岩层之间相互约束力较为薄弱，在此类岩层中进行爆破时，爆轰波在岩层间的裂纹结构面内传播，形成反射拉伸波，进而再作用于周边孔周围的岩体，导致岩层沿裂纹面断裂、滑落，致使隧道周边轮廓线难以形成良好的平整面，从而造成隧道超挖。

地下水作用：地下水对岩体的稳定性影响主要表现为结构面中容易充填一些细微颗粒，结构面间充填物在持续水作用下将发生一定程度的软化或泥化、降低岩石本身的抗剪能力、增加岩石动水压及静水压，从而降低岩体稳定性。往往在爆破后、围岩排险时，对于在裂纹结构面且伴有少量地下水渗出处易发生大滑层，造成超挖。

2）爆破参数

爆破参数的选择直接影响光面爆破效果，合理的参数既能保证爆破后形成符合设计轮廓线的光滑平整壁面，又可减少对轮廓线之外的岩壁破坏和损伤。爆破参数包含炮孔间距、光爆层厚度、炮孔密集系数、单孔装药量、装药集中度以及起爆时差等。

（1）间距与密集系数

周边孔间距应随地层岩性、岩石裂隙面、光爆层厚度而相应地进行调整。文献从爆炸衍生物（应力波与爆生气体）的综合作用解释，当炮孔密集系数较大时，相邻的两炮孔孔内装药距离过近，炸药爆炸后能量主要形成超挖和抛掷岩石，抛掷岩石也存在破坏周边孔起爆网路的风险，可能出现盲炮；反之，炮孔密集系数较小时，相邻的两炮孔相当于独立爆破，致使孔底开挖面无法贯通而形成欠挖。

(2) 起爆时差

周边炮孔与内圈炮孔起爆网路采用跨段雷管进行延期，即假设内圈炮孔的起爆雷管设置为 11 段，周边炮孔起爆雷管则设置为 13 段。

高段别雷管误差范围较大，以 ms11 段和 ms13 段毫秒延期雷管为例，前者延期时间为 460±50ms，后者延期时间为 650±50ms，两者起爆间隔时间相差约为 200ms；过长的延期可能导致先起爆的内圈炮孔岩石飞溅后破坏周边炮孔起爆网路，从而导致周边炮孔可能出现盲炮。

(3) 装药结构

一般常用的几种装药方式为：不耦合装药，顾名思义，放入炮孔内的药卷直径一般小于炮孔直径，孔内存在一定的空腔；连续装药，将一定量的药卷依次顺序地放入炮孔内，药卷与药卷之间不存在间隔；间隔装药，与连续装药结构不同之处在于，炮孔内药卷与药卷之间存在一定间隔，间隔材料多为空气、水袋和炮泥等材料，如图 8-12 所示。

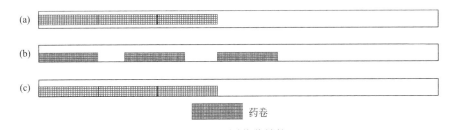

图 8-12 不同装药结构

(a) 不耦合装药；(b) 空气间隔装药；(c) 连续装药

隧道开挖通常周边孔装药结构为间隔装药方式，但调查发现本隧道在进行药卷装填作业时，工人往往习惯于在炮孔底部放置一定量的药卷。采用此装药方式时，炸药爆破后产生的能量过于集中在孔底，使得保留岩体损伤较明显，并且对周边孔外侧保留岩体扰动较大。当在裂隙岩体或裂隙面较多的岩体中爆破时，过大的能量冲击周边孔周围的岩体，存在岩体沿裂隙面滑落造成较大超挖的可能。因此，周边孔装药结构必须使用间隔装药的形式进行装填。

3) 不耦合系数

隧道周边孔常常采用不耦合装药，装药不耦合系数为炮孔直径与药卷直径之比。研究表明，不耦合系数与炮孔壁应力大小成反比关系，如图 8-13 所示，前者系数越小,炮孔壁应力峰值则越大,因此容易形成超挖。

4)钻孔精度

钻孔精度主要体现在钻孔测量定位、钻孔方向的偏差度,影响钻孔精度的因素主要有掌子面平整性、人为因素、台架各级平台高度等。

隧道内施工台架如图8-14所示,在此台架的一层进行周边钻孔的作业人员,其钻孔定位较为准确,在二层与三层交界处钻孔钻杆倾角难以控制,水平钻孔精度得不到保证,钻杆明显上斜或钻孔间距过大,造成隧道两侧岩壁超挖或欠挖。

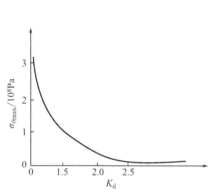

图 8-13 不耦合系数与炮孔壁应力关系

图 8-14 施工台架

人工钻孔相比三臂凿岩台车而言,钻孔精度更差。炮孔在定位阶段就存在或大或小的偏差,一些炮孔往往从表面上看钻孔精度比较准确,但孔底并未落在同一平面上,甚至钻孔出现交叉现象,如图8-15所示。

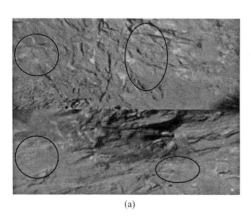
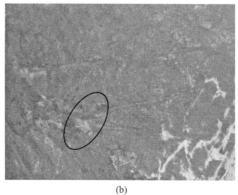

(a) (b)

图 8-15 炮孔孔底未落在同一平面或存在交叉

(a) 孔口孔底不在同一平面;(b) 孔底交叉

5）炮孔堵塞

我国《爆破安全规程》GB 6722—2014 以及铁路、公路和水工等施工规范均要求炮孔进行良好的堵塞，但是，在隧道施工领域堵塞这一关键环节常常被忽视。

堵塞与未堵塞炮孔内应力随时间变化曲线如图 8-16 所示。良好的堵塞能控制炸药在炮孔内重复爆轰反应，提高爆炸衍生物在炮孔内作用时长，从而对于改善爆破效果，提高单次循环进尺和炮孔利用率有一定的促进作用。

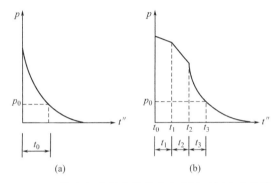

图 8-16　堵塞与未堵塞炮孔内应力随时间变化曲线
(a) 堵塞；(b) 未堵塞

8.3　光面护壁爆破参数与施工工艺

8.3.1　周边孔爆破参数

1. 炮孔直径

隧道内采用的钻孔设备为 YT-28 型手持式风钻，故炮孔直径为 40mm。

2. 炮孔深度

炮孔深度为 2.2m。

3. 周边孔间距

目前用于计算周边孔间距的公式有岩石的断裂理论式和半经验半理论式。

1）断裂理论式：

$$E = Krf^{1/3} \tag{8-1}$$

式中　r——炮孔半径（mm）；

　　　f——岩石坚固性系数，其中变质砂岩 $f=3\sim6$；

　　　K——调整系数，$K=10\sim16$，围岩较硬时，取大值；反之，取小值。

炮孔半径20mm，隧道围岩多为粉砂岩，f 取 4，K 取 14，算得周边孔间距为 44.44cm。

2）半经验半理论：

$$E = (12 \sim 15)d \tag{8-2}$$

式中　d——炮孔直径（mm）。

炮孔直径为40mm，经过计算得出周边孔间距为 48~60cm。

综合考虑式（8-1）及式（8-2），选取 45cm 作为合理的周边孔间距，其符合一般情况下周边孔取值范围。

4. 光爆层厚度

根据前文所选取的周边孔间距 45cm，数值模拟结果优选出的炮孔密集系数为 0.82，计算出光爆层厚度为 55cm。

5. 炮孔密集系数

前文优选出的炮孔密集系数为 0.82。

6. 堵塞长度

炮孔堵塞长度一般根据炮孔深度确定，深度超过 1m 的炮孔，堵塞长度必须不小于 0.5m，周边孔深 2.2m，因此堵塞长度选择 0.5m。

7. 单孔装药量

周边眼的装药量按线装药密度确定，其计算公式为：

$$Q = fL \tag{8-3}$$

式中　L——炮孔深度（m）；
　　　f——线装药密度（kg/m）。

因此，根据公式 $Q = fL = 2.2\text{m} \times 0.17\text{kg/m}$ 计算出单孔装药量约为 374g。

8. 光面护壁爆破装药结构

选用硬质聚氯乙烯（PVC-U）管作为护壁管，PVC-U 管内径为 30mm，外径为 32mm，长 1.7m。

丁王隧道的炮孔直径为 40mm，当地无法购买 25mm 直径的药卷，只有 32mm 直径的药卷，采用间隔装药结构。

8.3.2　光面护壁爆破施工工艺

1）药卷加工

第一步：剖切 PVC-U 管

用角磨机沿着中心线将 PVC-U 管剖切成两半，长度切割为 1.7m，如图 8-17（a）所示。

第二步：药卷切割

将直径 32mm、长 300cm、重 300g 的药卷切割成 150g 药卷 1 段和 75g 药卷

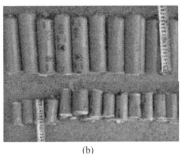

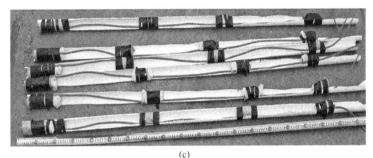

图 8-17　药卷加工过程

(a) 剖切 PVC-U 管；(b) 剖切药卷；(c) 捆扎药卷

2 段，如图 8-17（b）所示。

第三步：绑扎药卷，制作光面护壁爆破药包

将 1 段 150g 药卷绑扎在半边 PVC-U 管一端，分别间隔 45cm，绑扎 3 段 75g 药卷，如图 8-17（c）所示。为便于施工，实际单孔药量为 375g。

2）装填

将绑扎好的药卷依次装入周边孔内，装填过程中应注意将 PVC-U 管靠围岩（保留岩体）一侧，如图 8-18 所示。

3）起爆网路连接

（1）导爆索搭接

为确保周边孔起爆可靠性，采用主导爆索起爆支导爆索的连接方式。支导爆

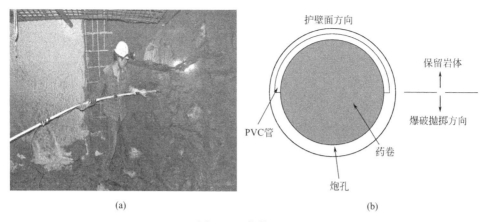

图 8-18 装药过程
（a）装药过程；（b）装药结构

索用 T 形搭接方式连接主导爆索，如图 8-19 所示。

（2）起爆端设置

将周边孔分为左右两幅，分别用一个主导爆索起爆，为确保起爆可靠性，在主导爆索两端同时起爆，如图 8-20 和图 8-21 所示。

图 8-19 导爆索搭接方式

图 8-20 导爆索网路连接方式

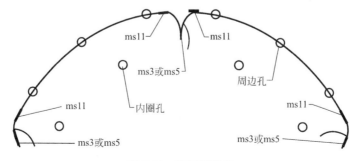

图 8-21 起爆端设置

周边孔拱顶起爆端需要连接 1 个低段位的雷管，其除了延期作用外，还可以提前将周边孔起爆雷管的导爆管炸断，从而进一步降低内圈炮孔在起爆时对周边孔起爆网路产生影响；另外，边墙的两个导爆索起爆端绑接方式与拱顶相似。

(3) 雷管段别优选

内圈孔与周边孔之间延期时间应为 50~110ms，通过现场调查发现，内圈孔起爆雷管为 ms11、周边孔起爆雷管为 ms13，两者起爆时间间隔约为 200ms，过长的时间间隔可能导致先起爆的内圈孔飞石破坏周边孔起爆网路，因此，周边孔起爆雷管的段别应比内圈孔起爆雷管高一个段别，即周边孔起爆雷管为 ms12，可满足延期要求。

若现场没有连段雷管，周边孔与内圈孔起爆雷管可设置成相同段别，但周边炮孔和内圈孔之间需要连接 ms3 或 ms5 段雷管进行孔外延期，以便于将其延期时间控制在 50~110ms。

8.4 光面护壁爆破试验效果分析

8.4.1 光面护壁爆破现场预试验

为验证光面护壁爆破可行性，首先进行 2 次小范围光面护壁爆破预试验。

第 1 次预试验在隧道拱顶位置进行，第 2 次预试验在隧道右拱顶和右边墙上部分进行，以验证光面护壁爆破参数的可行性。

为便于细化研究爆破效果，本文用两个指标评价光面爆破效果：

(1) 孔痕长度率即爆破后保留的孔痕长度与炮孔长度之比；

(2) 孔痕率为爆破后岩壁上孔痕长度大于炮孔长度 60% 的炮孔数与炮孔数之比。

孔痕长度率和孔痕率都能够反映光面爆破效果。按照区域位置将隧道轮廓面划分成 6 小部分（图 8-22），第 1 次预试验和第 2 次预试验爆破效果如图 8-23 和图 8-24 所示，孔痕率和孔痕长度率参数统计结果见表 8-4。

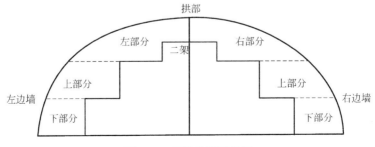

图 8-22　设计轮廓线分区

 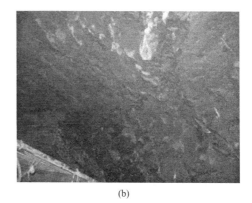

(a)　　　　　　　　　　　　　　　(b)

图 8-23　第 1 次预试验爆破效果

(a) 拱顶左部；(b) 拱顶右部

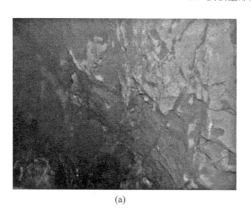 

(a)　　　　　　　　　　　　　　　(b)

图 8-24　第 2 次预试验爆破效果

(a) 拱顶右部；(b) 右边墙上部

孔痕率和孔痕长度率参数统计　　　　　　表 8-4

预试验	炮孔数(个)	孔痕数(个)	孔痕率(%)	孔痕长度率(%)
预试验 1	14	9	64.28	57.69
预试验 2	14	11	78.57	64.23

由表 8-4 可知，采用光面护壁爆破后，丁王隧道Ⅳ级围岩段轮廓面上的孔痕率由光面爆破技术时的不足 10% 提高到光面护壁爆破技术的 60% 以上，达到了《铁路隧道钻爆法施工工序及作业指南》TZ 231—2007 规定的中硬岩孔痕率需不小于 60% 的标准，说明光面护壁爆破参数在裂隙岩体隧道爆破中能够取得较好的爆破效果。

8.4.2　光面护壁爆破隧道现场全断面试验

前文在丁王隧道进行的预试验达到了预期效果，本节在丁王隧道进行整个周边孔的全断面光面护壁爆破试验。

1. 第 1 次全断面试验

第 1 次全断面爆破试验效果如图 8-25 所示，各个位置爆破效果信息统计如表 8-5 所示。

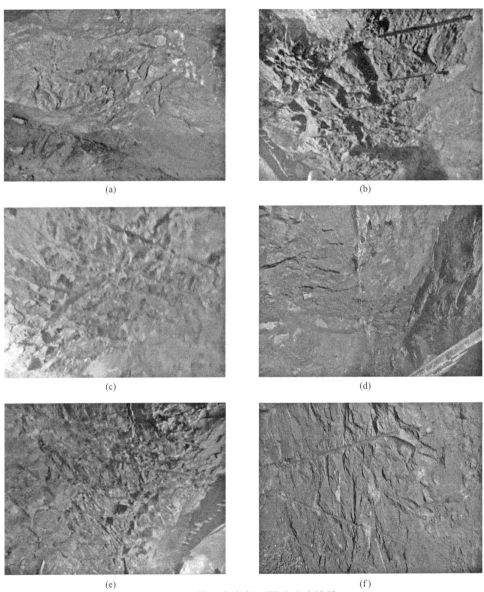

图 8-25　第 1 次全断面爆破试验效果

(a) 左边墙下部分；(b) 左边墙上部分；(c) 拱顶左部分；
(d) 拱顶右部分；(e) 右边墙上部分；(f) 右边墙下部分

第 1 次全断面爆破各位置爆破效果统计   表 8-5

位置		炮孔（个）	孔痕率（%）	孔痕长度率（%）	总孔痕率（%）	总孔痕长度率（%）
左边墙	下部分	5	40	36.14	80.00	71.58
	上部分	6	100	89.40		
拱顶	左部分	8	100	92.31		
	右部分	8	37.5	28.23		
右边墙	上部分	10	100	90.45		
	下部分	3	100	92.95		

由表 8-5 可知，丁王隧道光面护壁爆破在局部位置孔痕率和孔痕长度率较差，其余大部分位置的孔痕率达到了 100%，总孔痕率和总孔痕长度率分别达到了 80% 和 71.58%，这已经达到了《铁路隧道钻爆法施工工序及作业指南》TZ 231—2007 规定的硬岩孔痕率需不小于 80% 的标准。

2. 第 2 次全断面试验

第 2 次全断面爆破试验效果如图 8-26 所示，各个位置爆破效果信息统计如表 8-6 所示。

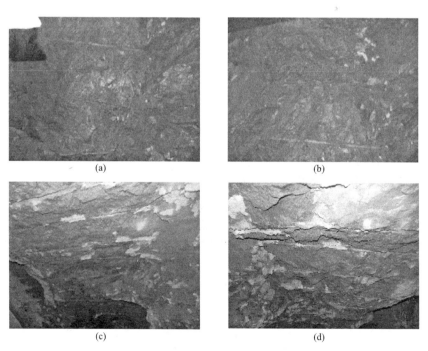

图 8-26 第 2 次全断面爆破试验效果（一）
(a) 左边墙下部分；(b) 左边墙上部分；(c) 拱顶左部分；(d) 拱顶右部分；

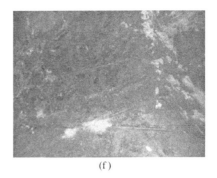

(e) (f)

图 8-26 第 2 次全断面爆破试验效果（二）

(e) 右边墙上部分；(f) 右边墙下部分

第 2 次全断面爆破各位置爆破效果统计　　表 8-6

位置		炮孔 （个）	孔痕率 （%）	孔痕长度率 （%）	总孔痕率 （%）	总孔痕长度率 （%）
左边墙	下部分	5	60	76.14	86.89	89.62
	上部分	4	100	89.40		
拱顶	左部分	10	74.62	92.31		
	右部分	12	78.56	89.23		
右边墙	上部分	5	100	90.45		
	下部分	6	100	92.95		

可见，第 2 次全断面爆破总孔痕率为 86.89%、总孔痕长度率为 89.62%，爆破效果在两次全面试验爆破中最好。

8.4.3　丁王隧道光面护壁爆破经济效益分析

1. 爆破器材

1) 光面爆破每循环爆破器材消耗情况，见表 8-7。

光面爆破每循环爆破器材消耗情况　　表 8-7

序号	材料名称	规格	单位	每循环	单价(元)	总计(元)
1	2 号岩石乳化炸药	φ32mm	kg	102	12	1224
2	导爆管雷管	ms1～ms11	发	50	8.0	400
		ms13	发	37	8.0	296
3	导爆索	卷	m	85	3.0	255
总计						2175

由表 8-7 可知，光面爆破隧道现场所需爆破器材为 2 号岩石乳化炸药、导爆

管雷管和导爆索,每循环爆破器材成本2175元。

2) 光面护壁爆破每循环爆破器材消耗

光面护壁爆破每循环爆破器材消耗情况见表8-8。

光面护壁爆破每循环爆破器材消耗情况　　表8-8

序号	材料名称	规格	单位	每循环	单价(元)	总计(元)
1	2号岩石乳化炸药	φ32mm	kg	100.5	12	1206
2	PVC-U管	φ32mm	m	69.7	0.75	52.275
3	导爆管雷管	ms1~ms11	发	57	8.0	456
4	导爆索	卷	m	105	3.0	315
总计						2029.275

由表8-8可知,光面护壁爆破隧道现场所需爆破器材为2号岩石乳化炸药、导爆管雷管、PVC-U管和导爆索,每循环爆破器材成本2029.27元。

2. 光面护壁爆破增加的人工成本

由于采用了光面护壁爆破,需要对PVC-U管和炸药进行切割和绑扎等工作,需安排2名工人操办此事。按照每人每天200元工资,每天8小时工作制计算。加工1循环炸药和PVC-U管按2小时计算,即每循环增加人工成本为100元。

3. 超欠挖及混凝土消耗经济效益分析

1) 超欠挖控制标准

《铁路隧道钻爆法施工工序及作业指南》TZ 231—2007指出:拱部最大超挖不大于25cm,线性超挖不大于15cm;边墙线性超挖不大于10cm。

2) 超欠挖计算

使用红外线测距仪对第2次全面爆破后隧道轮廓面的实际超欠挖情况进行测量,测点选取规则为从隧道左侧边墙底部开始至右侧边墙底部结束,每间隔60cm选一个测点,共计15个测点,原点位于隧道中心线。每一个测点的数据测量3次,并将3次测试平均值作为有效数据,如表8-9所示,并绘制断面轮廓线示意图如图8-27所示。

第2次全断面爆破后轮廓超欠挖实测值　　表8-9

序号	外侧半径(m)	内侧半径(m)	榀架厚度(m)	超欠挖(cm)	是否超标
1	6.72	6.45		+6	否
2	6.38	6.13		+4	否
3	6.27	6.03	0.21	+3	否
4	5.94	5.70		+3	否
5	5.68	5.43		+4	否

续表

序号	外侧半径(m)	内侧半径(m)	榀架厚度(m)	超欠挖(cm)	是否超标
6	5.04	4.70	0.21	+13	否
7	4.78	4.52		+5	否
8	4.57	4.30		+6	否
9	4.62	4.35		+6	否
10	4.65	4.32		+12	否
11	5.62	5.37		+4	否
12	6.02	5.75		+6	否
13	6.18	5.95		+2	否
14	6.45	6.18		+6	否
15	6.78	6.52		+5	否

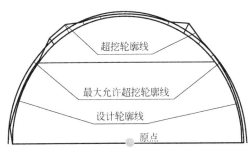

图 8-27 第 2 次全断面爆破爆后轮廓线示意图

由图 8-27 可直观地看出爆破后丁王隧道轮廓面整体上较为平整光滑，说明光面护壁爆破能有效控制Ⅳ级围岩隧道超欠挖；通过表 8-9 计算出第 2 次全断面试验的平均超挖为 5.67cm，相比光面爆破平均超挖 22.46cm（见 8.2.4 节两循环平均超挖），降低了 74.76%，平均超挖体积由 9.55m³（见 8.2.4 节两循环平均超挖体积）降低至 2.41m³，极大地降低了初支混凝土用量。

3）混凝土超耗经济效益分析

1m³ 混凝土综合成本（砂石物料费、运输费、人工费和设备磨损费等）按照 400 元计算。光面爆破混凝土超耗费为 9.55×400＝3820 元；光面护壁爆破混凝土超耗费为 2.41×400＝964 元。

4. 施工相关成本

1）光面爆破出渣经济效益分析

隧道出渣价格基本上是以出渣的实际运距为基准，若隧道的出渣运距在 1km 之内，出渣 1m³ 的价格约 15 元。

光面爆破平均超挖体积为 9.55m³，则光面爆破每循环超挖出渣费为 9.55×15＝143.25 元。

2）光面护壁爆破出渣经济效益分析

光面护壁爆破平均超挖体积为 2.41m³，则光面护壁爆破每循环超挖出渣费为 2.41×15=36.15 元。

5. 丁王隧道光面护壁爆破经济效益分析

1）光面爆破每循环经济效益

光面爆破每循环经济效益包括：爆破器材消耗成本为 2175 元、混凝土超耗成本 3820 元和超挖出渣成本 143.25 元，则每循环总经济成本为 2175+3820+143.25=6138.25 元。

2）光面护壁爆破每循环经济效益

光面爆破每循环经济效益包括：爆破器材消耗费 2029.27 元、混凝土超耗成本 964 元、超挖出渣成本 36.15 元和人工费 100 元，则每循环总经济成本为 2029.27+964+36.15+100=3129.42 元。

3）光面与光面护壁爆破经济效益比较分析

光面护壁爆破每循环经济效益比光面爆破节约 3008.83 元，以平均每循环进尺 2.0m 计算，以 1km 隧道分析，丁王隧道光面护壁爆破经济效益每 1km 节约 3008.83×500=150.44 万元。

8.5 本章小结

本章在分析丁王隧道爆破存在问题的基础上，完成了隧道光面护壁爆破参数设计与施工工艺，进行了 2 次预试验和 2 次全断面试验，得到结论如下：

（1）光面护壁爆破在丁王隧道Ⅳ级围岩爆破中具有可行性，其效果明显优于光面爆破。

（2）光面护壁爆破相比光面爆破，孔痕率从 10% 增加到 80% 以上，平均超挖降低了 74.76%，平均超挖体积降低了 74.76%。

（3）通过比较爆破器材、混凝土消耗和施工成本，光面护壁爆破比光面爆破每 1km 隧道节省成本 150.44 万元。

参考文献

[1] 蔡福广. 光面爆破新技术 [M]. 北京：中国铁道出版社，1994.

[2] 蒲传金，张志呈，郭学彬，等. 边坡开挖光面爆破对岩体损伤的影响分析 [J]. 矿业研究与开发，2005，25（5）：68—70.

[3] 滕山邦久，佐佐宏一，伊藤一郎（日）. 论光面爆破中导向孔的作用 [A]. 阜新矿业学院译. 光面爆破（煤矿掘进技术译文集）[C]. 北京：煤炭工业出版社，1979.

[4] 朱振海，魏有志. 光面爆破机理的动光弹探讨 [J]. 江西冶金学院学报，1985，4：28—38.

[5] Fourney W L, Dally J W. Grooved bore holes for fracture plance control in blasting [R]. Univ of Margland Report to the National Science Foundation, 1977：113—127.

[6] Fourney W L, Dally J W, Hollow our DC. Controlled blasting with ligamented charge holders [J]. Int J Rock Mech M in sci, 1978, 15 (3)：184—188.

[7] 王树仁，魏有志. 岩石爆破中断裂控制的研究 [J]. 中国矿业大学学报，1985，14（3）：113—120.

[8] 张志呈. 定向断裂控制爆破 [M]. 重庆：重庆大学出版社，1997.

[9] 李夕兵. 论岩体软弱结构面对应力波传播的影响 [J]. 爆炸与冲击，1993（04）：334—342.

[10] 张玉明，张奇，白春华. 切缝药包成缝机理及参数优化 [J]. 煤炭科学技术，2001，29（12）：32—35.

[11] 唐中华，张志呈，向开伟，张顺潮. 切缝药包爆破的作用机理 [J]. 云南冶金，1998，27（827）：7—12.

[12] 唐中华，肖正学. 切缝药包爆破应力分布规律的研究 [J]. 四川冶金，1997，3：2—5.

[13] 唐中华，张志呈，向开伟. 切缝药包外壳的作用及其爆破孔最优装药结构参数的研究 [J]. 四川冶金，1998，1：9—11.

[14] 吴立，张时忠，张天锡. 岩石爆破中的断裂控制方法 [J]. 探矿工程，1997，3：54—55.

[15] 罗祖春. 刻槽爆破的由来、突破和运用 [J]. 石材，2004，4：17—21.

[16] Dubinski J, Konopko W. Tapnia-Ocena, Prognoza, Zwalczanie [M]. Katowice：Glowny Instytut Gornictwa Press, 2000, 56—59.

[17] 杜云贵，张志呈，李通林. 切槽爆破中V形切槽产生的力学效应研究 [J]. 爆炸与冲击，1991，11（1）：26—30.

[18] 张志呈，王成端. 切槽爆破中切槽角的研究 [J]. 爆炸与冲击，1990，10（3）：233—238.

[19] 宗琦. 岩石炮孔预切槽爆破断裂成缝机理研究 [J]. 岩土工程学报，1998，2（1）：30—33.

[20] 杨仁树，宋俊生，杨永琦. 切槽孔爆破机理模型试验研究 [J]. 煤炭学报，1995，20

(2): 198—200.

[21] 刘文轩. 断裂控制爆破开采石材机理的研究 [J]. 爆炸与冲击, 1993, 13 (2): 118—124.

[22] 廖文旺. 爆生气体作用下裂隙岩体裂纹扩展模式研究 [D]. 长春: 吉林大学, 2019.

[23] 肖正学, 郭学彬, 张志呈. 切槽爆破成缝机理探讨 [J]. 云南冶金, 1999, 28 (6): 1—4.

[24] 郑泽岱, 陈宝心, 徐国顺. 刻槽爆破的机理分析及刻槽刀头参数设计 [J]. 爆破, 1991, 4: 1—7.

[25] 阳友奎, 张志呈. 切槽爆破中切槽的导向机理 [J]. 重庆大学学报, 1990, 5: 61—65.

[26] 渡道明 (日). 静态破碎剂的应用 [J]. 爆破, 1985, 4: 42—49.

[27] 张志呈. 切槽爆破参数的研究与生产实践 [J]. 岩土工程学报, 1996, 18 (2): 104—108.

[28] 王成端. 预制V型裂纹尖端应力强度因子的研究 [J]. 应用数学和力学, 1992, 13 (5): 461—477.

[29] 肖正学, 郭学彬. 切槽爆破中切槽参数的研究 [J]. 四川冶金, 1998, 2: 1—4.

[30] 宋俊生, 杨仁树. 切槽孔爆破参数及其应力场模型试验研究 [J]. 建井技术, 1992, 18 (1): 21—24.

[31] 张志呈, 张渝疆, 胡健, 等. 岩石断裂控制爆破孔壁切槽钻具 [J]. 矿山机械, 2002, 8: 15—16.

[32] 张时忠, 吴立, 张天锡. 炮孔壁切槽方法与切槽工具的研究 [J]. 凿岩机械气动工具, 1998, 4: 41—43.

[33] 肖正学, 张志呈, 郭学彬, 等. 岩石动态损伤机理与护壁爆破的应用研究报告 [R]. 四川绵阳: 西南科技大学, 2007.

[34] 郭学彬, 张志呈, 蒲传金, 等. 护壁爆破的基本原理与爆破效果的声波评价 [J]. 爆破, 2006, 23 (4): 9—14.

[35] 费鸿禄, 洪陈超. 应力波和爆生气体共同作用下围岩侧范围研究 [J]. 爆破, 2017, 34 (1): 33—36.

[36] 陈晓波. 光面爆破参数选择与质量控制措施 [J]. 爆破, 2006, 23 (01): 39—41.

[37] 张万志. 岩质隧道炮孔图像识别算法及光面爆破参数优化研究 [D]. 济南: 山东大学, 2019.

[38] Salum A H, Murthy VMSR. Optimising blast pulls and controlling blast-induced excavation damage zone in tunneling through varied rock classes [J]. Tunnelling and Underground Space Technology, 2019, 85: 307—318.

[39] Ali Fakhimi, Mark Lanari. DEM-SPH simulation of rock blasting [J]. Computers and Geotechnics. 2014, 55 (6): 158—164.

[40] Zhao J, Cai J G. Transmission of elastic P-waves across single fractures with a nonlinear normal deformational behavior [J]. Rock Mechanics and Rock Engineering, 2001, 34 (1): 3—22.

[41] 王卫华, 李夕兵, 周子龙, 张义平. 不同应力波在张开节理处的能量传递规律 [J]. 中

南大学学报（自然科学版），2006（02）：376—380.
[42] 杨鑫，蒲传金，唐雄，等. 人工裂隙对爆炸裂纹扩展影响的试验研究 [J]. 爆破，2014，31（2）：26—31.
[43] 杨鑫. 爆炸作用下裂隙岩体裂纹扩展模拟试验研究 [D]. 绵阳：西南科技大学，2015.
[44] 肖同社，杨仁树，庄金钊，等. 节理岩体爆生裂纹扩展动态焦散线模型实验研究 [J]. 爆炸与冲击，2007，2：159—164.
[45] 杨仁树，苏洪，龚悦，等. 爆炸荷载下不对称Y型裂纹扩展规律的试验研究 [J]. 岩土力学，2017，38（8）：2175—2181.
[46] 杨仁树，陈程，赵勇，等. 空孔-裂纹偏置方式对PMMA冲击断裂动态行为的影响的研究 [J]. 振动与冲击，2018，37（20）：122—128.
[47] 杨仁树，许鹏，陈程. 爆炸应力波与裂纹作用实验研究 [J]. 爆炸与冲击，2019，39（08）：30—40.
[48] 左进京，陈帅志，林海，等. 爆炸荷载作用下空孔应力集中区的特性分析 [J]. 煤炭学报，2018，37（9）：17—19.
[49] 杨仁树，左进京，宋俊生，等. 爆炸应力波作用下空孔周围裂纹群的扩展规律 [J]. 振动与冲击，2018，37（14）：74—78.
[50] 杨仁树，王雁冰. 切缝药包不耦合装药爆破爆生裂纹动态断裂效应的试验研究 [J]. 岩石力学与工程学报，2013，32（7）：1337—1343.
[51] 王雁冰. 爆炸的动静作用破岩与动态裂纹扩展机理研究 [D]. 徐州：中国矿业大学，2015.
[52] 岳中文，杨仁树，董聚才，等. 爆炸荷载下板条边界斜裂纹的动态扩展行为 [J]. 爆炸与冲击，2011，31（1）：75—80.
[53] 岳中文，杨仁树，杨立云，等. 爆炸荷载下边界锐V型切口尖端裂纹扩展行为 [J]. 工程爆破，2011，17（1）：8—11.
[54] 郭东明，刘康，杨仁树，等. 爆炸冲击下相邻巷道裂隙扩展机理模拟试验 [J]. 振动与冲击，2016，35（2）：178—183.
[55] 郭文章，王树仁，陈寿峰，等. 节理岩体爆破数值模型及模拟研究 [J]. 岩土力学，1998，19（3）：1—9.
[56] 李清，张茜，李晟源. 爆炸应力波作用下分支裂纹动态力学特性试验 [J]. 岩土力学，2011，32（10）：3026—3032.
[57] 李清，杨仁树，李均雷. 爆炸荷载作用下动态裂纹扩展试验研究 [J]. 岩石力学与工程学报，2005，24（16）：2912—2916.
[58] 李清. 爆炸致裂的岩石动态力学行为与断裂控制试验研究 [D]. 徐州：中国矿业大学，2009.
[59] 李盟，朱哲明，刘瑞峰. 孔洞对爆生裂纹动态扩展行为影响研究 [J]. 岩土工程学报，2018，40（12）：2191—2199.
[60] 宗琦，程兵，汪海波. 偏心不耦合装药孔壁压力与损伤效应数值模拟 [J]. 爆破，2019，36（3）：76—83.
[61] 李汉坤. 不同耦合系数及孔间距对煤层爆生裂隙扩展影响的试验研究 [D]. 淮南：安

徽理工大学，2018.

[62] 谢冰，李海波，王长柏，等．节理几何特征对预裂爆破效果影响的数值模拟［J］．岩土力学，2011，32（12）：3812—3820.

[63] 苏洪．爆炸荷载下围岩损伤断裂主动控制技术及机理研究［D］．徐州：中国矿业大学，2015.

[64] 杨小林，王树仁．岩石爆破损伤断裂的细观机理［J］．爆炸与冲击，2000，20（3）：247—252.

[65] 戴俊，杨永琦．软岩巷道周边控制爆破的研究［J］．煤炭学报，2000，25（4）：373—378.

[66] 王刚．爆炸荷载下裂隙介质裂纹扩展规律与控制研究［D］．绵阳：西南科技大学，2021.

[67] 陈晓波．光面爆破参数选择与质量控制措施［J］．爆破，2006，23（1）：39—41.

[68] Moxon N. T，Mead D，Richardson S. B. Air-decked blasting techniques：some collaborative experments［J］．transaction of the institution of Mining ＆Metallurgy，Section A：ining Indμsty，v102 Jan-Apr 1993，102：A25—A30.

[69] 蒲传金，杨鑫，肖定军，等．爆炸荷载下双孔裂纹扩展的数值模拟研究［J］．振动与冲击，2022，41（15）：300—311.

[70] 代仁平，郭学彬，宫全美，等．隧道围岩爆破损伤防护的霍普金森压杆试验［J］．岩土力学，2011，32（1）：77—83.

[71] 代仁平，郭学彬，宫全美，等．隧道围岩爆破冲击损伤防护的轻气炮试验及数值模拟［J］．振动与冲击，2011，30（7）：133—137.

[72] 张鸿，方华，尚爱国．公路隧道软岩爆破超欠挖控制技术研究［J］．中外公路，2007，27（3）：160—163.

[73] 苏海军，林浙宁，翟国锋．在裂纹岩体中实施光面爆破的参数计算［J］．爆破，2004，21（4）：27—29.

[74] 黄金旺，周中，张运良，等．水平层状围岩台阶法施工超欠挖控制试验研究［J］．公路与汽运，2010，4：221—224.

[75] 郝文广．水平岩层特长隧道的爆破参数优化与超欠挖控制［J］．铁道建筑技术，2013，4：13—17.

[76] 曹伟．层状岩体隧道稳定性及控制爆破技术研究［D］．长沙：中南大学，2011.

[77] 唐卫华．水平层状围岩隧道钻爆施工控制技术研究［D］．长沙：中南大学．2009.

[78] 袁树成．甘河隧道水平岩层超欠挖爆破控制技术［J］．铁道建筑，2014，12：55—59.

[79] 徐凤翔，李创军．水平层状围岩隧道开挖变形机理与施工控制措施研究［J］．公路交通科技，2013，11：130—131.

[80] 杨永琦，戴俊，单仁亮．岩石定向断裂控制爆破原理与参数研究［J］．爆破器材，2000，29（6）：24—28.

[81] 汪学清，单仁亮，黄宝龙．光面爆破技术在破碎的软岩巷道掘进中的应用研究［J］．爆破，2008，25（3）：12—16.

[82] 杨仁树，王雁冰，岳中文，等．定向断裂双孔爆破裂纹扩展的动态行为［J］．爆炸与冲

击，2013，33（6）：631—637.

[83] Nakamura Y，HO C S，YONEOKA M，et al. Model experments on crack propagation between two charge holes in blasting [J]. Science and Technology of Energetic Materials，2004，65（2）：34—39.

[84] 宗琦. 软岩巷道光面爆破技术的研究与应用 [J]. 煤炭学报，2002，27（1）：45—49.

[85] 唐景文，黄锐，梅慧浩. 光爆层厚度对光面爆破效果影响的数值分析 [J]. 铁道科学与工程学报，2013，10（1）：67—72.

[86] 王怀勇，裴斌，王顺，等. 光面爆破在节理裂隙发育巷道掘进中的试验研究 [J]. 中国矿业，2019，28（S2）：373—376.

[87] 彭刚健. 岩体巷道光面爆破参数的分析与应用 [J]. 中国矿业，2009，18（10）：103—106.

[88] 傅朝泓. 地质条件在光面爆破中的影响及对策 [J]. 煤矿爆破，2002，1：18—20.

[89] 毛建安. 光面爆破技术在向莆铁路青云山特长隧道工程中的应用 [J]. 现代隧道技术，2011，48（5）：133—138.

[90] 徐帮树，张万志，石伟航，等. 节理裂隙层状岩体隧道掘进爆破参数试验研究 [J]. 中国矿业大学学报，2019，48（6）：1248—1255.

[91] MOHANTY B. Wall control blasts and explosive systems [C]//C-I-L Technical. [S. 1]：[s. n]，1981：55—59.

[92] Fourney W L，Barker D B，Holloway D C. Model studies of explosive well stimulation techniques [C]. International Journal of Rock Mechanics and Mining Sciences & Geomechanics Abstracts，1981，18（2）：113—127.

[93] Preece. D. S，Chung. S. H. Development and application of a 3-D rock blast computer modeling capability using discrete elements-DMCBLAST -3D [C]. Proc of 27th Annual Conferences on Explosives and Blasting Technique [C]. 2001（I）. Orlando，Florida USA：11—18.

[94] Pal Roy P，Singh R B，Mondal S K. Air-deck blasting in opencast mines using low cost wooden spacers for efficient utilisation of explosive energy [J]. Journal of mines，metals & fuels，1995，43（8）：5—15.

[95] 娄德兰. 标准药卷光面爆破 [J]. 爆破，1994，11（2）：45—48.

[96] 陈先锋，王玉杰. 不同装药结构对孔壁压力影响的分析 [J]. 工程爆破，2003，9（2）：16—18.

[97] 徐颖，宗琦. 光面爆破软垫层装药结构参数理论分析 [J]. 煤炭学报，2000，25（6）：610—613.

[98] 王新生，程凤丹. 围岩损伤控制爆破数值模拟研究 [J]. 北京理工大学学报，2014，34（10）：991—996.

[99] 杨仁树，左进京，李永亮. 不同切缝管材质下切缝药包爆炸冲击波传播特性研究 [J]. 中国矿业大学学报，2019，48（2）：229—235.

[100] 唐海，易帅，王建龙，等. 考虑裂隙岩体爆破损伤的装药结构研究 [J]. 爆破，2019，36（1）：70—76+89.

[101] 杨仁树，车玉龙，孙强．地铁区间隧道不同装药结构光面爆破应用研究［J］．爆破，2013，30（2）：90—494．

[102] 张志呈，蒲传金，史瑾瑾．不同装药结构光面爆破对岩石的损伤研究［J］．爆破，2006，23（1）：36—38．

[103] 李新平，董千，刘婷婷．地应力下柱面应力波在节理岩体中传播规律研究［J］．岩石力学与工程学报，2018，37（S1）：3121—3131．

[104] 张志呈，肖正学．护壁爆破在煤矿巷道掘进中的应用［J］．煤矿爆破，2009，4：31—33．

[105] 蒲传金，肖正学，刘一伟．光面护壁爆破水泥砂浆模型试验研究［J］．爆破，2008，25（2）：6—11．

[106] 蒲传金，郭学彬，肖正学，等．护壁爆破动态应变测试及分析［J］．煤炭学报，2008，33（10）：1163—1167．

[107] 李必红．椭圆双极线型聚能药柱爆炸理论及预裂爆破技术研究［D］．长沙：中南大学，2013．

[108] 管少华．偏心不耦合装药爆破裂纹扩展与控制试验研究［D］．绵阳：西南科技大学，2015．

[109] 刘禹锡．巷道周边孔爆破裂纹扩展及控制模拟试验研究［D］．绵阳：西南科技大学，2016．

[110] 郝亚飞，张志呈，蒲传金．光面护壁爆破在破碎岩体巷道掘进中的应用［J］．矿业研究与开发，2009，29（2）：92—94．

[111] 李建军，段祝平．节理裂隙岩体爆破试验研究［J］．爆破，2005，22（3）：12—16．

[112] 代青松，李鸿，余红兵．基于3DEC的节理裂隙岩体爆破传播规律的研究［J］．采矿技术，2016，16（4）：100—102．

[113] 凌同华，曹峰，李洁．岩溶隧道富裂隙围岩的爆破力学特性分析［J］．地下空间与工程学报，2015，11（S2）：810—816．

[114] 铁道部经济规划研究院．铁路隧道钻爆法施工工序及作业指南：TZ 231—2007［S］．北京：中国铁道出版社，2007．

[115] 马芹永．光面爆破炮眼间距及光面层厚度的确定［J］．岩石力学与工程学报，1997，16（6）：590—594．

[116] 徐颖，孟益平，程玉生．装药不耦合系数对爆破裂纹控制的试验研究［J］．岩石力学与工程学报，2002，21（12）：1843—1847．

[117] 蒲传金，肖正学，张志呈．护壁爆破新技术［J］．中国工程科学，2009，11（8）：88—92．

[118] 蒲传金，郭学彬，张志呈．切缝药包爆破机理分析与试验研究［J］．爆破，2006，23（1）：33—35＋41．

[119] 邵珠山，杨跃宗，米俊峰，等．光面爆破的岩石裂纹扩展规律研究［J］．工程爆破，2017，23（6）：53—59．

[120] 李夕兵，左宇军，马春德．动静组合加载下岩石破坏的应变能密度准则及突变理论分析［J］．岩石力学与工程学报，2005，24（16）：2815—2824．

[121] 张凤鹏,彭建宇,范光华. 不同静应力和节理条件下岩体爆破破岩机制研究 [J]. 岩土力学,2016,37 (7):1839—1846+1913.

[122] 方秦,孔祥振,吴昊,等. 岩石 Holmquist-Johnson-Cook 模型参数的确定方法 [J]. 工程力学,2014,31 (3):197—204.

[123] 王代华,刘殿书,杜玉兰. 含泡沫吸能层防护结构爆炸能量分布的数值模拟研究 [J]. 爆炸与冲击,2006,26 (6):562—567.

[124] 楼晓明,王振昌,陈必港. 空气间隔装药孔壁初始冲击压力分析 [J]. 煤炭学报,2017,42 (11):2875—2884.

[125] 曲艳东,吴敏,孔祥清. 深孔连续与间隔装药爆破数值模拟研究 [J]. 爆破,2014,31 (4):16—21+81.

[126] 王兴海. PVC-U 给水管材力学破坏原因初探及预防 [J]. 聚氯乙烯,2005,10:23—29.

[127] HALLQUIST J. LS-DYNA Keyword User's Manual,version:970 [M]. Livermore,California:Livermore Software Technology Corporation,2003.

[128] 陈士海,薛华培,吕国仁. 光面爆破岩体损伤和开裂面形态分析 [J]. 解放军理工大学学报(自然科学版),2002,3 (4):66—69.

[129] 王鲁明,赵坚,华安增,等. 节理岩体中应力波传播规律研究的进展 [J]. 岩土力学,2003,24 (S2):602—605.

[130] 毕贵权,李宁. 岩体中应力波传播与衰减规律研究现状与发展 [C]. 第八次全国岩石力学与工程学术大会论文集,北京:科学出版社,2004.

[131] 俞缙,钱七虎,赵晓豹. 岩体结构面对应力波传播规律影响的研究进展 [J]. 兵工学报,2009,30 (S2):308—316.

[132] Thomson W T. Transmission of elastic waves through a stratified solid media [J]. Journal of Applied Physics,1950,21 (2):89—93.

[133] Haskell N A. The dispersion of surface waves on multilayered media [J]. Bulletin of the Seismological Society of America,1953,43 (1):17—34.

[134] 张奇. 节理对岩体中应力波传播的影响 [J]. 陕煤科技,1985,3:48—53.

[135] 戴俊,李传净,陈哲浩. 光面爆破相邻炮孔裂纹扩展模拟 [J]. 科学技术与工程,2017,17 (18):193—197.

[136] J. C Li,W. Wu,H. B Li,et al. A thin-layer interface model for wave propagation through filled rock joints [J]. Journal of Applied Geophysics,2013,91 (4):31—38.

[137] J. C Li,H. B Li,Y. Y Jiao,et al. Analysis for oblique wave propagation across filled joints based on thin-layer interface model [J]. Journal of Applied Geophysics,2014,102 (2):39—46.

[138] J. C Li,H. B Li,J Zhao. Study on wave propagation across a single rough fracture by the modified thin-layer interface model [J]. Journal of Applied Geophysics,2014,110:106—114.

[139] 周能娟. 裂隙岩体隧道爆破有限元分析 [D]. 长春:吉林大学,2008.

[140] 崔新壮,陈士海,刘德成. 在裂隙岩体中传播的应力波的衰减规律 [J]. 工程爆破,

1999, 5 (1): 18—21.

[141] 邵珠山, 宋林. 节理处爆炸波的能量衰减规律研究 [C]. 面向低碳经济的隧道及地下工程技术—中国土木工程学会隧道及地下工程分会隧道及地下空间运营安全与节能环保专业委员会第一届学术研讨会论文集, 北京: 人民交通出版社, 2010.

[142] 蔡恒学. 试论裂隙对爆破效果的影响 [J]. 湖南有色金属, 1989, 5 (2): 1—5.

[143] 郭文章, 王树仁, 陈寿峰. 岩体中的节理对爆破作用的影响 [J]. 爆炸与冲击, 1999, 19 (2): 188—192.

[144] 张电吉. 岩体中的节理裂隙对爆破效果影响机理研究 [J]. 有色金属（矿山部分）, 2003, 55 (3): 33—35.

[145] 王进. 岩体节理裂隙对爆破作用的影响 [D]. 武汉: 武汉理工大学, 2009.

[146] 和铁柱, 池恩安, 赵明生. 软弱结构面对爆破效果影响及其控制 [J]. 金属矿山, 2013, 2: 60—62.

[147] 鞠杨, 李业学, 谢和平, 等. 节理岩石的应力波动与能量耗散 [J]. 岩石力学与工程学报, 2006, 25 (12): 2426—2434.

[148] Yang Ju, Les Sudak, Heping Xie. Study on stress wave propagation in fractured rocks with fractal joint surfaces [J]. International Journal of Solids and Structures, 2007, 44 (13): 4256—4271.

[149] J. B Zhu, X. B Zhao, W Wu, et al. Wave propagation across rock joints filled with viscoelastic medium using modified recursive method [J]. Journal of Applied Geophysics, 2012, 86: 82—87.

[150] 吴斌, 韩强, 李忱. 结构中的应力波 [M]. 北京: 科学出版社, 2001.

[151] 戴俊. 岩石动力学特性与爆破理论 [M]. 2版. 北京: 冶金工业出版社, 2013.

[152] 李夕兵, 凌同华, 张义平. 爆破振动信号分析理论与技术 [M]. 北京: 科学出版社, 2009.

[153] 王礼立. 应力波基础 [M]. 2版. 北京: 国防工业出版社, 2005.

[154] 卢爱红, 茅献彪, 张连英. 应力波在岩体中传播的叠加效应 [J]. 徐州工程学院学报（自然科学版）, 2008, 23 (3): 74—79.

[155] 王玉杰. 爆破工程 [M]. 武汉: 武汉理工大学出版社, 2007.

[156] 齐金铎. 现代爆破理论 [M]. 北京: 冶金工业出版社, 1996.

[157] 戴俊. 岩石动力学特性与爆破理论 [M]. 北京: 冶金工业出版社, 2002.

[158] 蔡美峰, 何满潮, 刘东燕. 岩石力学与工程 [M]. 北京: 科学出版社, 2002.

[159] 高玮. 岩石力学 [M]. 北京: 北京大学出版社, 2011.

[160] 李贺, 尹光志, 许江, 等. 岩石断裂力学 [M]. 重庆: 重庆大学出版社, 1988.

[161] 郭学彬, 张继春. 爆破工程 [M]. 北京: 人民交通出版社, 2007.

[162] Yi C P, Johansson D, Nyberg U, et al. Stress Wave Interaction Between Two Adjacent Blast Holes. [J]. Rock Mechanics & Rock Engineering, 2016, 49 (5): 1803—1812.

[163] 白羽, 朱万成, 魏晨慧. 不同地应力条件下双孔爆破的数值模拟 [J]. 岩土力学, 2013, 34 (S1): 466—471.

[164] S. Mohammadi, A. Bebamzadeh. A coupled gas-solid interaction model for FE/DE simu-

lationn of explosion [J]. Finite Elements in Analysis & Design, 2005, 41 (13): 1289—1308.

[165] Yang R S, Wang Y B, XUE H J, et al. Dynamic Behavior Analysis of Perforated Crack Propagation in Two Hole Blasting [J]. Procedia Earth and Planetary Science, 2012, 5: 253—261.

[166] 张奇. 层状岩体光面爆破效果的理论分析 [J]. 爆炸与冲击, 1988, 8 (4): 60—66.

[167] Obert L, Duvall W L. Microseismic Method of Predicting Rock Failure in Underground Mining [M]. U.S: Bureau of Mines, 1945.

[168] Kotoul M, Bilek Z. On modelling of stress wave/fracture interaction in brittle bodies subjected to dynamic fracture [J]. International Journal of Fracture, 1989, 41 (3): 207—221.

[169] Persson P A, Lundborg N, Johansson C. The basic mechanisms in rock blasting [J]. International Society of Rock Mechanics Proceedings, 1970: 19—33.

[170] Mott N. F. Fracture of metals: theoretical consideration [J]. Engineering, 1948, 165: 16—18.

[171] Cotterell B, Rice J R. Slightly curved or kinked cracks [J]. International Journal of Fracture, 1980, 16 (2): 155—169.

[172] Cai M, Horii H. A constitutive model of highly jointed rock masses [J]. Mechanics of Materials, 1992, 3 (13): 217—246.

[173] 王明洋, 钱七虎. 爆炸应力波通过节理裂隙带的衰减规律 [J]. 岩土工程学报, 1995, 17 (2): 42—46.

[174] 黄理兴. 应力波对裂隙的作用 [J]. 岩土力学, 1985, 6 (2): 89—97.

[175] 张奇. 应力波在节理处的传播过程 [J]. 岩土工程学报, 1986, 8 (6): 99—105.

[176] 高文学. 非均质含裂隙岩体预裂爆破成缝的理论分析 [J]. 爆破, 1990, 3: 9—14.

[177] 胡荣, 朱哲明, 胡哲源, 等. 爆炸动荷载下裂纹扩展规律的实验研究 [J]. 岩石力学与工程学报, 2013, 32 (7): 1476—1481.

[178] 蒲传金, 杨鑫, 肖定军, 等. 爆炸荷载作用下模型介质裂纹扩展试验与分析 [J]. 实验力学, 2017, 32 (1): 79—86.

[179] 张奇. 应力波在节理处的传递过程 [J]. 岩土工程学报, 1986, 8 (6): 99—105.

[180] 丁黄平. 节理裂隙岩体隧道爆破成型效果研究 [D]. 长春: 吉林大学, 2009.

[181] 崔新壮, 陈士海, 刘德成. 在裂隙岩体中传播的应力波的衰减机理 [J]. 工程爆破, 1999, 5 (1): 18—21.

[182] 杨仁树, 岳中文, 董聚才, 等. 断续节理介质爆炸裂纹扩展的动焦散实验研究 [J]. 中国矿业大学学报, 2008, 37 (4): 467—472.

[183] 岳中文. 缺陷介质爆炸裂纹扩展规律的动态焦散线试验研究 [D]. 北京: 中国矿业大学 (北京), 2009.

[184] 石崇, 徐卫亚, 周家文, 等. 节理面透射模型及其隔振性能研究 [J]. 岩土力学, 2009, 30 (3): 729—734.

[185] 刘际飞, 璩世杰. 节理走向角对爆炸应力波传播影响的试验研究 [J]. 爆破, 2014,

31（2）：57—61.

[186] 宋小林．层状岩体爆破层裂效应及其顺层边坡稳定性的影响研究［D］．成都：西南交通大学，2007.

[187] 杨仁树，岳中文，肖同社，等．节理介质断裂控制爆破裂纹扩展的动焦散试验研究［J］．岩石力学与工程学报，2008，27（2）：244—250.

[188] 张鹏，李一博，吴晓，等．基于声检测的管道内检测器定位系统［J］．现代科学仪器，2011，1：45—47.

[189] 王文冰．层理岩石声学特性及其爆炸荷载作用下损伤特征试验研究［D］．北京：中国地质大学（北京），2009.

[190] 秦晓星．大断面裂隙岩体高铁隧道光面爆破技术研究［D］．绵阳：西南科技大学，2020.

[191] 郭尧，孟海利，戚妍娟，等．预裂缝对爆破地震波传播影响的机理研究［J］．仪器仪表学报，2010，31（S4）：17—20.

[192] LANGFORS U，KIHLSTROAM B. The modern technique of rock blasting [M]. New York：John Wiley and Sons Inc.，1963.

[193] HENDRON A J. Engineering of rock blasting on civil projects [C] //Structural and Geotechnical Mechanics：A Volume Honoring N. M Newmark. New Jersey：Prentice Hall，1989：242—277.

[194] KAWMAOTO T，ICHIKAWA Y，KYOYA T. Deformation and fracturing behavior of discontinuous rock mass and damage mechanics theory [J]. International Journal of Rock Mechanics and Mining Sciences and Geomechanics Abstracts，1987，12（1）：1—30.

[195] KRAJCINOVIC D，FONSEKA G U. The continuous damage theory of brittle materials，part 1：General theory [J]. Applied Mechanics，1981，48（4）：809—815.

[196] 李俊如，夏祥，李海波．核电站基岩爆破开挖损伤区研究［J］．岩石力学与工程学报，2005，24（S1）：4674—4678.

[197] 张国华，陈礼彪，夏 祥．大断面隧道爆破开挖围岩损伤范围试验研究及数值计算［J］．岩石力学与工程学报，2009，28（8）：1610—1619.

[198] Fourney W L，Holloway D C. Fracture control blasting [C]// In：Dr. Calvin，Konya J ed. Proc. of 10th Conf. on Explosion & Blasting Tech. Florida：[s. n.]，1984：182—195.

[199] Yang Yongqi，Gao Quanchnn，Yu Musong，et al. Experimental study of mechanism and technology of directed crack blasting [J]. Jounal of China University of Mining & Technology，1995，5（2）：69—77.

[200] 闫长斌，徐国元，杨飞．爆破动荷载作用下围岩累积损伤效应声波测试研究［J］．岩土工程学报，2007，29（1）：88—93.

[201] 宗琦，陆鹏举，罗强．光面爆破空气垫层装药轴向不耦合系数理论研究［J］．岩石力学与工程学报，2005，24（6）：1047—1051.

[202] 宗琦，孟德君．炮孔不同装药结构对爆破能量影响的理论研究［J］．岩石力学与工程学报，2003，22（4）：641—645.

[203] 宇文惠鑫. 炮孔双介质不耦合装药断裂控制爆破理论研究与数值模拟 [D]. 太原：太原理工大学，2006.

[204] 王礼立，余同希，李永池. 冲击动力学进展 [M]. 合肥：中国科学技术大学出版社，1992.

[205] 夏昌敬，谢和平，鞠杨. 孔隙岩石的 SHPB 试验研究 [J]. 岩石力学与工程学报，2006，25（5）：896—900.

[206] 代仁平. 岩石动态损伤防护试验研究及数值模拟 [D]. 绵阳：西南科技大学，2008.

[207] 颜峰，姜福兴. 爆炸冲击荷载作用下岩石的损伤实验 [J]. 爆炸与冲击，2009（3）：275—280.

[208] 张国华，陈礼彪，夏祥，等. 大断面隧道爆破开挖围岩损伤范围试验研究及数值计算 [J]. 岩石力学与工程学报，2009，28（8）：1610—1619.

[209] 杨年华. 预裂爆破对边坡岩体损伤的试验研究 [J]. 铁道学报，2008，30（3）：96—99.

[210] 宗琦，孟德君. 炮孔不同装药结构对爆破能量影响的理论研究 [J]. 岩石力学与工程学报，2003，22（4）：641—645.

[211] 经福谦. 实验物态方程导引 [M]. 北京：科学出版社，1999.

[212] 杨军. 岩石爆破理论模型及数值计算 [M]. 北京：科学出版社，1999.

[213] L. Y. Yang，C. Huang，S. J. Bao，et al. Model experimental study on controlled blasting of slit charge in deep rock mass [J]. Soil Dynamics and Earthquake Engineering，2020，138：1—10.

[214] 程兵，汪海波，宗琦. 基于 SPH-FEM 耦合法切缝药包爆破机理数值模拟 [J]. 含能材料，2020，28（4）：300—307.

[215] 李清，王平虎，杨仁树，等. 切槽孔爆破动态力学特征的动焦散线实验 [J]. 爆炸与冲击，2009，29（4）：413—418.

[216] 杨仁树，王雁冰，杨立云，等. 双孔切槽爆破裂纹扩展的动焦散实验 [J]. 中国矿业大学学报，2012，41（6）：868—872.

[217] 岳中文，郭洋，王煦. 切槽孔爆炸荷载下裂纹扩展行为的实验研究 [J]. 岩石力学与工程学报，2015，34（10）：2018—2026.

[218] 岳中文，郭洋，许鹏，等. 定向断裂控制爆破的空孔效应实验分析 [J]. 爆炸与冲击，2015，35（3）：304—311.

[219] 张召冉，左进京，郭义先. 爆炸荷载下空孔缺陷与爆生裂纹扩展行为研究 [J]. 振动与冲击，2020，39（3）：111—119.

[220] 左进京，陈帅志，林海，等. 爆炸荷载作用下空孔应力集中区的特性分析 [J]. 煤炭技术，2018，37（9）：17—19.

[221] 黄涛，陈鹏万，张国新，等. 岩石双孔爆破过程的流形元法模拟 [J]. 爆炸与冲击，2006，26（5）：434—440.

[222] 魏晨慧，朱万成，白羽，等. 不同节理角度和地应力条件下岩石双孔爆破的数值模拟 [J]. 力学学报，2016，48（4）：926—935.

[223] 钟波波，李宏，张永彬. 爆炸荷载作用下岩石动态裂纹扩展的数值模拟 [J]. 爆炸与

冲击，2016，36（6）：825—831.

[224] 杨建华，孙文彬，姚池，等. 高地应力岩体多孔爆破破岩机制[J]. 爆炸与冲击，2020，40（7）：1—10.

[225] 魏炯，朱万成，魏晨慧，等. 导向孔对两爆破孔间成缝过程影响的数值模拟[J]. 工程力学，2013，30（5）：335—339.

[226] 李洪伟，雷战，江向阳，等. 不同炮孔间距对岩石爆炸裂纹扩展影响的数值分析[J]. 高压物理学报，2019，33（4）：1—10.

[227] G. W. Ma，X. M. An. Numerical simulation of blasting-induced rock fractures[J]. International Journal of Rock Mechanics and Mining Sciences，2008，45：966—975.

[228] M. M. D. Banadaki，B. Mohanty. Numerical simulation of stress wave induced fractures in rock[J]. International Journal of Impact Engineering，2012，40（2）：16—25.

[229] X. Yang，X. G. Zeng，C. J. Pu，et al. Effect of the preexisting fissure with different fillings in pmma on blast-induced crack propagation[J]. Advances in Materials Science and Engineering，2018：1—17.